子どもの「花」が育つとき

21世紀をになう子どもたちへ！
語り伝えたい、育児メッセージ

日本小児科医会名誉会長
愛育病院名誉院長
内藤寿七郎・著

財団法人ソニー教育財団 幼児開発センター・協力

小学館

内藤寿七郎先生　近影

はじめに

内藤寿七郎先生と育児相談

内藤寿七郎先生は、明治39年10月23日生まれ。昭和6年に東京帝国大学を卒業されてから、小児科医として70年以上もの間、現場で子どものために力を尽くし、現在も、育児相談、講演、執筆活動と、精力的にお仕事をなさっています。

財団法人ソニー教育財団　幼児開発センター（略称ＥＤＡ）でも、内藤先生はふたつの育児相談をなさっています。

ひとつは、内藤先生を囲んでの「育児相談」です。ＥＤＡでは、「ペア・スクール」といって、マタニティーから2歳児までのお子さんとお母さんが、よりよい絆《きずな》を築くための教室が開かれていますが、0歳児クラスのカリキュラムの中に、年1回、育児相談の時間が組まれています。

もうひとつは、個人の「育児相談室」で、週1回、1日3組の予約制で行われています。再来の方や、遠く東北や九州からいらっしゃる方も多く、親子二代、三代にわたって先生にみていただいている、という方もいらっしゃいます。

内藤先生と、ソニーの創業者であり、EDAの設立者でもある故・井深大《まさる》氏は、ある雑誌の対談で出会いました。

「21世紀をになう人間を育てたい」と願い、「『子育て、人づくり』のいちばんのにない手はお母さん」と考える者同士で、大いに意気投合したそうです。

その場で、先生が、3歳までの親と子の絆の重要さ、とくに、2歳児の自我に親がどう対応するかがいかに大切かを力説したところ、井深氏は、「それだったら、先生、どうかお母さんたちの相談に乗ってあげていただけませんか」ということで、EDAでの育児相談が始まったそうです。

このふたつの育児相談は、昭和58年に始まり、現在まで20年以上続いています。その内容は、EDAで発行している子育て情報誌『EDA』の中の、内藤先生の育児相談のページ『どうしました?』に掲載してあります。本書はこれを元に再構成しました。

編集部

先生のあたたかさ

内藤先生は、冬の寒い日、
育児相談が始まる前に、手をお湯で温められます。
ゆっくりゆっくり、
芯《しん》からほかほかになるまで温められます。
それは、冷たい手で子どもたちを触診《しょくしん》して、
驚かせたり、嫌な思いをさせたりしてはいけないと、
思っていらっしゃるからです。

ほかにも、聴診器《ちょうしんき》の先の、
あの金属の部分にも気を配っていらっしゃって、
金属の部分が冷たくないようにと、
ご自分のほほで温められます。
また、聴診する際には、
子どもたちがびっくりしないようにと、
何回も子どもたちの手などに先に触れて、
聴診器を怖がらなくなってから、
はじめて診察なさるのです。

先生は、
お母さんたちの自信を回復させる魔法をかけてくださいます。
なんともいえないあの笑顔。穏やかな話し方…。
相談にみえ、しゃちほこばっていたお母さんの顔が、
5分もたつとゆるんでくるのが、端《はた》から見てもわかります。
そして、随所随所で、
「大丈夫、こんなにいい子じゃないですか」
「素晴しい子育てをしていらっしゃるじゃないですか」
などとおっしゃいます。そのひと言が、
どんなにお母さんたちを安心させ、勇気づけるか…。
相談が終わるころには、お母さんたちは、
心穏やかで、晴れ晴れとした様子になります。

先生はまた、お子さんにも魔法をかけます。
どんなにむずがっていた子どもだって、
先生に抱っこされると自然に笑みがこぼれます。
恥ずかしがってお母さんの後ろに隠れていた子どもも、
先生の笑顔に引かれるように、側に寄ってきます。
これは本当に不思議で、まさに「内藤マジック」です。

目次

第2章　芽生えのころ　◆生後まもなく～4、5か月ごろ◆……………31

第3章　ふたばのころ　◆4、5か月ごろ～1歳半ごろ◆……77

第4章　つぼみのころ ◆1歳半ごろ〜2歳半ごろ◆

装丁／本文デザイン　吉松積子
表紙・本文イラスト　井上るり子

だんだんふくらんでいくおなかは、
あなたの大切な宝物が大きくなっていく証《あかし》。
ポコポコとおなかを蹴《け》ることも、愛《いと》しくて…。
このときから、親子の絆《きずな》づくりは始まっています。
大切な大切な10か月間、どうぞあなたが、
心豊かでしあわせな妊婦さんでありますように。

第1章

芽生えを待ち望んで

◆妊娠中◆

Wanted Baby

お父さん、お母さんが待ち望んでいるところに生まれてくる赤ちゃんが、
いちばんしあわせです。
しあわせな赤ちゃんを出産するには、
妊娠中の10か月間ずっと、
お母さんが心豊かでしあわせな環境にいることです。
自分がしあわせでないと、
赤ちゃんにしあわせを与えることなどできません。
それには、まわりの方々、
とくにお父さんの理解と協力が必要です。
妊娠・出産の主役はお母さんですが、
お父さんも、「心」という部分で妊娠・出産に大きく関《かか》わっていることを、
どうぞ自覚なさってください。

妊娠中に周囲からいたわりを受け、大事にされた方は、出産が楽なようです。
なぜかというと、

妊婦さんが安定した気持ちでいると、ホルモンの分泌《ぶんぴつ》がよくなり、とくにそのなかの女性ホルモンが、出産を助けてくれるからです。

どうぞ、おなかの中の赤ちゃんをかわいがってあげてください。

妊娠中から、お父さんとお母さんが、
赤ちゃんをひとりの人格のある人間として認め、接してあげる――

そうすれば、赤ちゃんへの愛情は自然と育っていきます。


そして、赤ちゃんが「生まれる瞬間からしあわせ」と思うような、

〝ｗａｎｔｅｄ　Ｂａｂｙ（望まれた赤ちゃん）〟を出産していただきたい、

――そう切に願っています。

お母さんの心と、おなかの中の赤ちゃんの心

超音波というのはとても役に立つものですね。
お母さんとおなかの中の赤ちゃんとのつながりが、
手にとるようにわかるようになったのですから。

おなかの中の赤ちゃんの様子を見ると、
妊婦さんに心配事があるときは、おなかの中の赤ちゃんも、不安そうに動きます。
反対に、妊婦さんがとても落ち着いた状態でいるときには、
おなかの中の赤ちゃんも、ゆったりと安定した動きをしているのがわかります。
そして、心が安定している赤ちゃんは、
おなかの中で心も体も順調に成長し、出産後も比較的問題が少ないようです。

けれども、妊婦さんは、ホルモンの急激な変化により、
ささいなことでも、心が大きく揺れ動くことがあります。
妊娠中は、出産のときに必要な女性ホルモンがたくさん分泌されますが、
このホルモンは同時に、妊婦さんの気持ちをぴりぴりさせる作用があるからです。

妊娠中なによりも大事なのは、おなかの中の赤ちゃんの心の安定です。
それには、お母さんの心の安定が必要です。

おなかの赤ちゃんはとても敏感です。
お母さんの心がそのまま伝わります。
イライラしそうになったら、どうかこのことを思い出して、
気持ちを安定させるように努めてください。

生まれてくる赤ちゃんのために

近ごろ、ちょっと心配なことがあります。
それは、たばこを吸う女性が増えているということです。
なぜなら、おなかの赤ちゃんにとっていちばん困るのは、
お母さんがたばこを吸うことだからです。

たばこに含まれるニコチンは、
胎盤《たいばん》中の血液の流れる量を少なくしますから、
たばこを吸う妊婦さんからは、
しばしば小さな赤ちゃんが生まれることがあります。
体重が少ないというだけでなく、
内臓などの器官が未発達なうちに生まれてくるという不安もあります。

妊娠したら、たばこは即刻やめましょう。
節煙では不十分です。
たばこをやめることは、生まれてくる我が子に対する責任のひとつです。

たばこを吸うとリラックスするという人がいるかもしれませんが、
それは言い訳にすぎません。

また、妊婦さんが吸わなくても、
同じ部屋でご主人が1日1箱以上、ぷかぷかとたばこを吸えば、
副流煙《ふくりゅうえん》というものを吸うことになり、
赤ちゃんのおしっこに、
分解されたニコチンがはっきりと出ることがわかっています。
たばこ好きのご主人には、このことをお話しして、
ぜひ協力を求めてください。

たばこの一例を引きましたが、
おなかの中の赤ちゃんは、胎盤を通してお母さんと固く結ばれています。
妊婦さんが、赤ちゃんのことを考えず、勝手気ままな生活をすると、
おなかの赤ちゃんもその影響を受けることになります。

生まれてくる赤ちゃんのためにも、
妊娠中は正しい栄養をとり、よい空気をいっぱい吸って、
充実した日常生活を送るよう、心がけてほしいと願っています。

おなかの赤ちゃんに語りかける

医療技術の発達とともに、
今では、おなかの中の赤ちゃんに、いろいろな能力があることがわかってきました。
なかでも興味深いのは、記憶する能力です。

私たちは勉強をしていろいろなことを覚えますが、
この「覚える」というのは、
脳の中の「海馬《かいば》」という場所において記憶されます。
胎児の脳の中でいちばん先にできるのがこの海馬で、
妊娠5、6か月ぐらいからすでに活動しているといわれています。

聴覚も、妊娠5、6か月ごろから備わってきますから、
お母さんの優しい語りかけは、おなかの中の赤ちゃんの耳にも伝わっていますし、
それを記憶しています。
お母さんがリラックスしているときに、
どうぞ、おなかの中の赤ちゃんに、ゆったりと語りかけてあげてください。

ところで、生まれてすぐの赤ちゃんが、
誰《だれ》の声にいちばん反応するかを調べた実験があります。
それは、看護師さんでも、小児科医でも、お父さんの声でもない。
やはり、お母さんの声だったそうです。
赤ちゃんはおなかの中で、
お母さんの声を、声色《こわいろ》や、声の響き、
イントネーションなどで覚えているのでしょう。

そして、おなかの中の赤ちゃんがいつもいつも聞いているもの——
それは、お母さんの心臓の音かもしれません。

不思議なことに、世界中のほとんどのお母さんが、
赤ちゃんを抱くときには、
赤ちゃんの耳が自分の心臓のそばにくるように、
つまり頭を左手で支えるようにして抱いています。
右利《き》きの人も、左利きの人も、同じように、です。

これは、生まれたての赤ちゃんの気持ちを落ち着かせるのに、非常に大事な要素です。
おなかの中の赤ちゃんがいつも聞いているもの——

それは、お母さんの心臓の音です。
赤ちゃんは、それを記憶しています。
ですから、心臓の音を聞くと、
羊水《ようすい》の中にいたときのことを思い出し、安心するのです。
お母さんはそれを知ってか知らずか、本能的に左抱っこをするのです。
それはまさに神秘的としか言いようのないものです。

出産後、
赤ちゃんがぐずったときは、お母さんの声であやすほかに、
お母さんが左抱っこして、ごく軽く揺すりながら、自分の心臓の音を聞かせると、
赤ちゃんの心は非常に安定する——
このことを、どうぞ思い出してください。

記憶する能力は、胎児のうちからあります。
妊娠中のお母さんの生活が、
そのまま、生まれてくる赤ちゃんの、
新しい生活のスタートになるのです。

父親がなすべきこと

キャプランという人が書いた本に、
「妊娠中に愛されなかった妊婦は、
出産後、人にものを与えることに関して消極的になる」という一節があります。
「ものを与える」ということは、生まれてきた赤ちゃんに母乳を与えること、
ひいては我が子に惜しみない愛情を注ぐこと――
それに対して消極的になるか否かということです。

奥さんの妊娠中、ご主人にぜひお願いしたいことがあります。
それは、たとえば仕事から帰ってきたとき、家が散らかっていても、
今は仕方がないことだと思い、
優しい気持ちで奥さんに接してあげてほしいのです。
ご主人のいたわりの言葉が、
つわりや出産に対する不安や、
ホルモンの影響でぴりぴりしがちな妊婦さんの気持ちを、
どんなにか和らげることでしょう。

そして、どうか出産後も、ご主人は優しいいたわりの目を忘れず、
奥さんの心の支えになってあげてください。
退院してからの奥さんは、
授乳などで一晩中続けて寝ていられることは、まずありません。
そのうえ、赤ちゃんのことに関して非常に鋭敏になり、
ちょっとしたことでも目が覚めてしまい、
日常的に寝不足で、疲れていることが多いものです。
初めての育児で不安もいっぱいでしょう。
ストレスや疲れがたまってくると、おっぱいの出や質にも影響してきます。
ですから、ここでもご主人の協力と理解が必要になってきます。
心も体も疲れているとき、
ご主人がそのことを理解して、
ひとこと、「大変だったね」と声をかけてあげると、
奥さんはとても勇気づけられます。
奥さんのほうもまた、ご主人が疲れて帰ってこられたら、
「お疲れ様」と声をかけ、ねぎらってあげてほしいと思います。

父親の育児参加は、
なにもおむつを替えたり、沐浴《もくよく》をさせるなど、
技術的なお手伝いをすることだけではありません。
それよりも、
子どもに対する正しい知恵を持った父親であってほしい、
母親の育児に自信とゆとりをもたらす存在であってほしいと思います。

お子さんの育児について、奥さんから相談を受けたら、
たとえ仕事でくたくたになっていても、
耳を傾け、穏やかにこたえてあげてください。
夫婦ふたりで子育てをしていると思うのと、
自分ひとりだけで子育ての責任を負っていると思うのとでは、
育児に対する奥さんの心のゆとりの持ち方が違ってきます。
そして、お母さんが心にゆとりを持って赤ちゃんに接すれば、
赤ちゃんの心も安定します。

子育てはたとえてみると、
かつぎ手が互いに協力しあわないとできない
「神輿《みこし》かつぎ」に似ています。

もう70年ほど、診療や育児相談などでたくさんの親子に接してきましたが、
育児の基本は夫婦のいたわりあいだと、つくづく思います。
ご両親がいたわりあい、尊敬しあい、お互いのよいところを発見する――
そういう雰囲気の中にいると、自然によいお子さんに成長していく……、
長年の経験からそう確信しています。

突然「お母さん」になったあなたは、
少々戸惑っているかもしれません。
しかし、赤ちゃんはもっと戸惑っています。
居心地のよいおなかから、突然出てきてしまったのですから。
不安で不安でしょうがない赤ちゃんを、
豊かな気持ちで抱き、愛あるまなざしで見つめることで、
どうぞ、愛すること、愛されることを教えてあげてください。

第2章

芽生えのころ

◆生後まもなく〜4、5か月ごろ◆

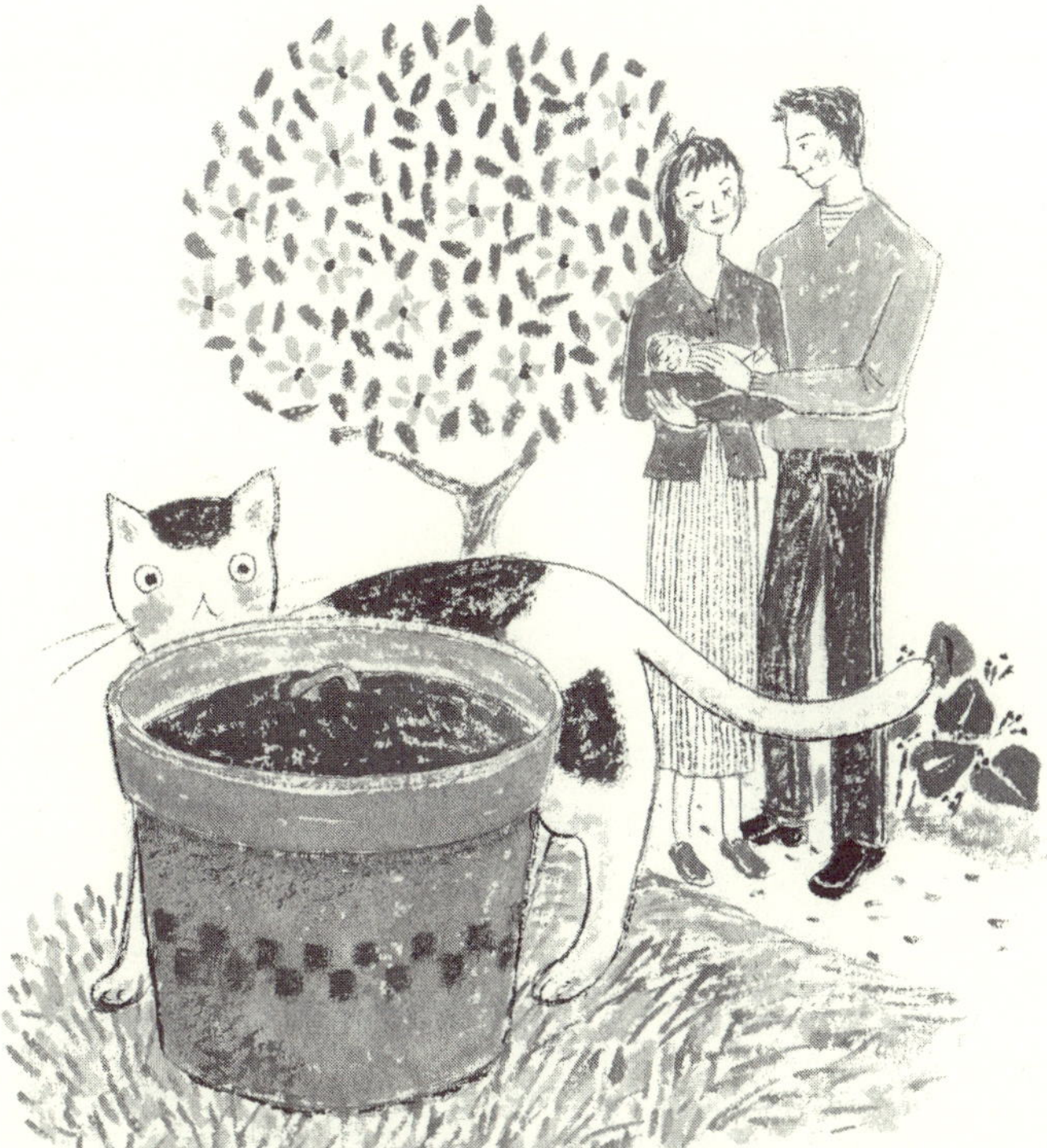

初乳と母性

赤ちゃんがこの世に生まれていちばん最初に口にするものは、
妊娠中からためた、お母さんの初乳であってほしいと思います。
初乳を飲ませることは、栄養学の見地からだけでなく、
育児の原点として、
親子関係の最初の出発点として、
唯一無二、大切なことです。

初乳を飲ませることが、なぜ親子関係の出発点となるのでしょうか。
それは、この瞬間に産婦さんに強い母性愛が芽生えて、
本当の意味でのお母さんになるからです。

こんな例がありました。
ある産院で、自分の産んだ子どもの顔も見たくないという
十代の未婚の産婦さんがいたそうです。
そこで、産院のスタッフが、

「一度くらいお乳を飲ませなさいよ」と説得しました。
看護師さんや女医さんが、
かわるがわる産婦さんのそばに座り込んで説得するものですから、
とうとうその産婦さんも根負けをして、
「じゃあ、いっぺんだけ」
と赤ちゃんにおっぱいをあげたのだそうです。
さて、次の授乳時間のときのこと。
ほかのお母さんのところに赤ちゃんが行くのを見て、
その産婦さんは、「あら、うちの子はまだですか」
と言ったそうです。
そして、授乳が2回になり、3回になり、4回になり、
さらに夜中にも、と続けていくうちに、
この未婚のお母さんは、
「私はこの子と一緒に一生暮らしていく。
この子は誰《だれ》にも渡せない」
と、決意されたそうです。

授乳による母性愛の開花——これは、医学的にも根拠のあることです。
妊娠中から分泌《ぶんぴつ》されるプロラクチンというホルモンは、

お乳を出すために必要なホルモンであると同時に、
母性的行動を促すホルモンであるといわれています。

このプロラクチンが多くなるのは妊娠末期ですが、
さらに出産直後に乳房に赤ちゃんが吸いつくと、
母体に反応が起こり、非常に多くのプロラクチンが分泌されます。
そしてこのプロラクチンが、
それまで準備状態にあった母性愛のつぼみを、
一気に開花させてくれるのです。

近ごろは母親が子どもを虐待《ぎゃくたい》するなど、悲しいニュースが目につきます。
子どもを産みながら、母親の気持ちが持てないお母さん――
そのなかには、出産後にすぐお乳を飲ませなかったことによって、
母性が目覚めなかったという方がいるかもしれません。

おっぱいをあげられる環境にある方は、どうぞ、
おっぱいを通して母性を開花させてほしい、
母親と子どもの絆《きずな》を強く結んでほしいと、
切に願っています。

赤ちゃんも初乳を求めている

また一方で、
生まれてすぐの赤ちゃんも、お母さんのおっぱいを求めているという論文があります。

誕生直後の赤ちゃんの行動を調べるために、
出産直後の横になっているお母さんのおなかの上に新生児を伏せて置き、
50組の親子の様子を観察したそうです。
すると、赤ちゃんはいつの間にかゆっくりはい上がり、
2時間後には、すべての赤ちゃんが、お母さんのお乳をくわえていたというのです。

生まれてすぐの赤ちゃんが、はい上がることができたというのも驚きですが、
なによりもこの実験は、
赤ちゃんは生まれてすぐに何を欲しがっているのかということを、
私たちに気づかせてくれます。

赤ちゃんの誕生直後にすべきことは、

まず、赤ちゃんがいちばん求めている要求を満たしてあげることです。
それは、母乳が出ようが出まいが、
まず、母親のおっぱいを吸わせるということです。
産婦さんもまた、
一生懸命乳首に吸いついてくる我が子を見て、自分が母親であることを強く意識し、
とたんに母性というものを開花させていく——
これがその後の親子関係の基本になると言っても過言ではないと思うのです。

おいしいおっぱいのために

退院後のお母さんは、初めての育児で不安がいっぱいでしょう。
おっぱいは足りているのだろうか、
赤ちゃんがあまり寝てくれないのはどうしてだろうかと、
いろいろなことが心配になると思います。

おっぱいは、泣いて欲しがるたびに、何回も吸わせていると出るようになります。
また、お母さんが緊張せずにリラックスした気持ちでいると、

おいしいおっぱいが出ますから、
赤ちゃんも満足して、よく寝てくれるかもしれません。

ところで、アメリカで、
授乳中のお母さん方にエアロビクス・ダンスをしてもらい、
その後のおっぱいの成分を調べる実験をしたことがあります。
その結果、運動をした後のお母さんのおっぱいの中には、
味の悪いもの（特に乳酸《にゅうさん》）がたくさんたまっていたことがわかりました。
原因は、お母さんの、精神と筋肉の疲労によるものでした。

私はよくお母さん方に、
「赤ちゃんが寝たら、
思いきってお母さんも横になり、体を休めましょう」とお話しします。
赤ちゃんが眠っている間に、
お母さんは、いろいろな用事をなさりたいと思います。
けれども、おいしいおっぱいを出すために、ここで家事をするのをちょっと我慢《がまん》して、
少しの間でも赤ちゃんと一緒に横になってみましょう。
眠らなくてもいいんです。
横になるだけで、お母さんの体はずいぶんと休まります。

お行儀が悪いようですが、赤ちゃんのためです。
食後すぐに横になってお休みになるのもいいでしょう。

そしてなにより、
お母さんがなるべくストレスをためないことが、
おいしいおっぱいを出すための秘訣《ひけつ》です。
ストレスがいっぱいたまったお母さんのおっぱいは、
おいしくないだけでなく、混じり物がいっぱい含まれ、
その中には、ゲップを吐き出させない作用の物質もあります。
胃の入り口に「噴門《ふんもん》」というところがありますが、
その物質が噴門をきゅうっと締めつけてしまうため、
ゲップがなかなか出ないというわけです。

出産直後から続く睡眠不足と、
初めての育児に二十四時間緊張する日々。
夕方になると、階段を上がる足取りが重く感じられるようなときは、
知らず知らずのうちにストレスがたまっているのかもしれません。

お父さんの帰宅が遅いお宅でも、

夜は10時前後には寝るようにしましょう。
お父さんにも協力をお願いして、できるだけ睡眠時間を確保してください。
お散歩もストレス解消に効果的です。
時には、お父さんやおばあちゃんに赤ちゃんの世話をお願いして、
天気のよい日に、ひとりで30分でもお散歩を楽しんでください。
それだけでも違うはずです。

現代は、さまざまな育児の情報が氾濫《はんらん》していることも、
お母さんがストレスをためる一因になっています。
子育ては、マニュアルどおりにはいきません。
育児の情報に振り回されてしまうと、
お母さん自身がつらくなります。
「人は人。自分はこれでいいのだ」
という気持ちでやっていきましょう。

どうか育児を楽しんでください。
赤ちゃんを慈《いつく》しんでください。
赤ちゃんはお母さんの愛情に包まれて、
心も体もすくすくと成長します。

人間の赤ちゃんが未熟な状態で生まれてくる理由

人間以外のほとんどの哺乳類《ほにゅうるい》の赤ちゃんは、
生まれてまもなく、立って歩くことができます。
馬や牛の赤ちゃんが、
生み落とされてからすぐに立ち上がる感動的な場面を、
テレビなどでご覧になったことがある方も多いと思います。

けれども人間の赤ちゃんは、
生まれてから1年以上かけて、ようやくひとりで立って歩けるようになります。
ほかの動物と比べてみると、
いわば「未熟児」で生まれてきます。

赤ちゃんはひとりでは何もできません。
お母さんが抱っこしておっぱいを飲ませたり、
おむつ替えをしたり、お風呂《ふろ》に入れたりして、
一生懸命手をかけて、少しずつ一人前の人間に育てていくわけです。

そして赤ちゃんもまた、おなかの外の世界に出てきて、
いろいろなものを見たり、聞いたり、触ったり……。
五感を通じての刺激によって、脳が複雑な働きをするように発達し、
感情や運動の能力も伸びていきます。

「なぜ人間だけが未熟な状態で生まれてくるのだろうか」
この問いに対する答えは、
私は、実は、このあたりにあるのではないかと思っています。
つまり、赤ちゃんがおなかの外の世界で受けるいろいろな刺激は、
お母さんのおなかの中では受けられない――
だから外界に早く出せという、自然のしくみなのかもしれません。

人間は、この世に出てきて、刺激を受けることによって、
草木が伸びるがごとく、さまざまな能力を伸ばしていく。
そしてそれがゆえに、ほかの動物と違って、
知恵とか感情などをつかさどる脳の「新皮質《しんひしつ》」が、
大いに発達していくのではないだろうか。
そこに、動物と人間の違いがあると思うのです。
だからこそ、とくに0歳児時代には、

お母さんのおなかの中では受けられなかった、
いろいろな刺激を与えてあげてほしいと思うのです。

抱っこされたときに感じるお母さんの柔らかい肌の感触、
温かいまなざし、優しい声のトーン。
それらのすべてが、赤ちゃんの五感をフルに刺激して、
ちょうど乾いた土に水が染み込むように、
赤ちゃんの心と脳の栄養分となっていくのです。

赤ちゃんの心が安定するメカニズム

赤ちゃんは、生まれた直後から、
ものを見る能力が備わっていることがわかってきています。
けれども、ひと昔前までは、
何も見えず、何もできない存在だと考えられていました。

もう30年ほど前になりますでしょうか。
そのころ私は、病院で毎日、生まれたての赤ちゃんに聴診器を当てておりました。
あるとき、その中に、目を開けている赤ちゃんがいましたので、
ああ、かわいいなあ、と思って赤ちゃんに顔を近づけますと、
赤ちゃんが、ふっと私の目を見る感じがします。
あれっと思って、改めて明るい場所で赤ちゃんの目を見つめてみると、
瞬間的に赤ちゃんと視線が合うのです。
そこで、婦長さんに大きなボールを持ってきてもらって、
赤ちゃんの目の前で、ボールを近づけたり離したりしてみました。
すると、ほんのわずかですが、赤ちゃんの目はボールの動きを追いかけます。

当時は、生後まもない赤ちゃんには、ものを見る能力はないといわれていました。

「生まれたての赤ちゃんでも、目が見えるんだねぇ」

と、私は非常に驚いたものです。

それから10年くらいたって、アメリカの小児科学会の雑誌に、
赤ちゃんは生まれてから数時間たつと、
もう視力があるのだという論文が発表されました。
このように、赤ちゃんは、生まれながらに素晴しい能力を持っていて、
何もわからない無力な存在ではないのです。
では、どのようなときに、
赤ちゃんは、自分の持っている能力を発揮してくれるのでしょうか。
それは、周囲の大人たちが、赤ちゃんに対して温かい気持ちで接していて、
赤ちゃんの気持ちが安定しているときです。
このようなときに、赤ちゃんは、
持っている能力を遺憾《いかん》なく発揮してくれるものなのです。

こんなことがありました。
私が、出産直後の赤ちゃんにも視力があるということを言いだしてからは、
大勢の方々が病院に見学に見えるようになりました。

私が赤ちゃんを抱き上げて、
明るいところで赤ちゃんと目と目を合わせるのを見ると、皆さん、
「ああ、赤ちゃんは目が見えているんですね」と感心なさいます。
ところが、見学の方が同じように赤ちゃんを抱っこして目を見つめても、
赤ちゃんは目を合わせてくれません。
もう一度私がやると、赤ちゃんの目がついてくる。
「どうして、先生のときだけ目を合わせるのでしょう」

「それはね」と私はお話ししました。
「行きずりに赤ちゃんをぽっと抱き上げて、赤ちゃんの目を見たって、
目を合わせてはくれませんよ。
あなた方は、
生まれたばかりの赤ちゃんだから、何もわからないと思って抱いているでしょう。
でも、よく生まれてきたね、これから一生、無事に過ごしていくんだよ——
そういう気持ちで、静かに抱き上げてごらんなさい。
そして、赤ちゃんがゆったりとした気持ちになって、心が安定したところで、
赤ちゃんが目を開けていたら、目を合わせる……。
そうすると、できるんです」と。

赤ちゃんの心は、抱く人の気持ちに左右されます。
初めての抱っこは緊張しますが、
お母さんは、どうか豊かな気持ちで、ゆっくりと赤ちゃんを抱き上げてください。

生まれたての赤ちゃんは、外の世界に出たばかりで、不安の気持ちでいっぱいです。
そんなとき、お母さんが、
「私が抱けば、何も怖いものはないのよ」という気持ちで抱っこすれば、
赤ちゃんにも自然にその気持ちが伝わります。
そして、ゆったりと安定した気持ちで、
新しい世界への第一歩を踏み出せることでしょう。

赤ちゃんの目に語りかける

育児についてお話しするときに、
私はよく、「まなかい」という言葉を使います。
「まなかい」という言葉は、本来「目の前」(眼前《まなかい》)という意味ですが、
私は「目と目が合うこと」(目交《まなかい》)というような意味あいで使っています。

そしてこの「まなかい」こそが、育児の基本であると常々思っています。

生まれたばかりで、まだ言葉もわからない赤ちゃんですが、
お母さんが愛情を込めて見つめてあげれば、
赤ちゃんとお母さんは、目と目で「心の対話」ができます。
大切なのは、抱く人の気持ちを伝える「優しいまなざし」です。
難しいことではありません。
ゆったりとした気持ちで赤ちゃんを抱いて、
笑顔で赤ちゃんの目を見つめてあげればいいのです。
赤ちゃんは、お母さんのまなざしから愛されていることを感じ、
心も安定していきます。

また、目からの刺激は、赤ちゃんの脳の発育にも大きな意味があります。
目と目を合わせる「まなかい」は、
赤ちゃんの脳の発育のスタート台だとも言えるでしょう。

はじめは、優しいまなざしを注いでも、うまくいかないかもしれません。
それでも、赤ちゃんは、
目を微妙に動かしながら、目を合わせようとするでしょう。

どうぞ、これを繰り返してみてください。
2、3か月たつと、赤ちゃんが相手を見つめる時間も長くなります。

お母さんがまなざしで伝える愛情は、
いくら赤ちゃんに注いでも、与えすぎになることはありません。
乳幼児期にたくさんの「まなかい」ができたお子さんは、
人から愛されること、人を信じることを学びとりますから、
きっと優しい心の持ち主になることでしょう。

抱っこから人間愛を学ぶ

0歳のときは、とにかく抱っこしてあげてください。
この時期に、人間の愛情というものを、しっかりと教えてあげてください。
お母さんのぬくもり、
なんだか温かくて大きなものに包まれているという感覚から、
赤ちゃんは、「愛する」こと、「愛される」ことを学んでいきます。
ところで、育児相談では、

「親子のふれあいのために、一日にどれくらいの時間、抱っこしてあげればいいのか」

「何分抱っこすれば、赤ちゃんは満足するのか」

というご質問を受けることがあります。

初めての育児だと、不安になる気持ちはよくわかります。

時間の目安があれば、それに従いたいというのもよくわかります。

けれども、時間の問題ではありません。

何分抱っこしなければと思いつめてみたり、
早く泣きやまないかしらと、はらはらしながら抱くのであれば、
いくら時間をかけても、赤ちゃんの心は安定しません。

人間愛の基本は、お母さんの抱っこでつくられます。
だからこそ、抱っこしたら赤ちゃんに自然と笑顔が出てくるような、
そんな抱っこをしていただきたいのです。
お母さんが悲しかったり、イライラしているときは、
赤ちゃんを抱いても、お母さんの愛が伝わらないばかりか、
かえって赤ちゃんの心が不安定になってしまいます。
そんなときは抱っこをやめて、
お母さんが赤ちゃんの顔をじっと優しく見つめてあげる――
それだけでいいのです。

抱っこと赤ちゃんの感性

赤ちゃんが泣くと、お母さんはつい、

「まあうるさい」などと思いながら抱き上げて、赤ちゃんを揺すったり、縦抱きにしたり横抱きにしたりと、おろおろするでしょう。

けれども、赤ちゃんは親の気持ちに非常に敏感に反応しますから、お母さんに、早く泣きやまそうなんて邪心《じゃしん》があるときには、なかなか泣きやんでくれないものです。


抱っこについて、ひとつエピソードを紹介しましょう。

あるとき、４か月の赤ちゃんを連れて相談に見えたお母さんは、

「うちの子は私が嫌いなんです」と悩んでおられました。

「生まれたときから、私が抱っこをすると、身をよじるようにして嫌がるんです。それが、主人が帰ってきて抱っこをすると、にっこり笑う。

私が抱いても笑った顔などしたことないのに」

「それはたぶん、お母さんが、一生懸命になりすぎているのではないでしょうか」

と、私は申し上げました。

「育児にあまり一生懸命になりすぎると、抱っこされるときに、赤ちゃんが緊張してしまうのです」


本当にそのとおりでありまして、私が以前テレビで健康相談をやっていましたときにも、こんなことがありました。


その日は、お母さんに抱かれて、にこにこしている赤ちゃんがスタジオに見えましたから、私は心ひそかに、

「ああ、今日はＮＧが出なくて、早く帰れるな」と喜んでおりました。

ところが、いざ本番。

「撮影開始」の合図が出ると、赤ちゃんが急にぐずりはじめたのです。

さあ、困りました。

番組の途中で赤ちゃんが大泣きをしたら、お母さんのご相談どころではなくなりますから、収録をし直さなくてはなりません。

そこで、

「どれどれ、私が抱っこしましょう」と、

お母さんからその赤ちゃんを抱き取りました。
そうしたら、その赤ちゃんはとても緊張しているんですね。
その証拠に、体じゅうの筋肉がぴーんと張っておりました。
私は、お母さんの気持ちを鎮《しず》めようと思い、
赤ちゃんを抱っこしながら、お母さんに、
「きょうは何時ごろ、家を出たんですか」とか、「車で来られたんですか」とか、
いろいろ話しかけました。

そのうち、私の腕の中でしゃちほこばっていた赤ちゃんの体が、
ふわっとやわらかくなって、
体重もじわりと重く感じられるようになりました。
赤ちゃんの気持ちも落ち着いてきたのですね。
それがわかりましたから、
「さあ、お母さん、お返ししますよ」と赤ちゃんをお返しし、
番組の収録も無事に終わりました。

収録後ビデオを見ましたら、
最初は緊張しきっていた赤ちゃんが、
あとのほうではカメラを見てにっこりと笑っております。

それを見て、「ああ、そうか」と納得しました。

カメラが回りはじめてから急に赤ちゃんが緊張したのは、お母さんのせいだったのですね。

お母さんがテレビによく映ろうとして緊張している。

その気持ちがそのまま赤ちゃんに伝わってしまったのです。


実は、抱っこの素晴しさはアメリカでも注目され、テレビを通じてお母さん方に、

「きょうは1回以上は、赤ちゃんを抱っこしましたか」

といった呼びかけまでしたことがありました。

アメリカでは、ご存じのとおり、日本以上に子どもたちにいろいろな問題が起きてきています。

どう対処すればよいのか……、
その結果、抱っこをすればいいのではないかということになったのです。

そして、それについては、

「抱っこ」の先進国といえる日本の育児に学び、たくさん抱っこをしましょう、ということになりました。


そういうわけで、私はアメリカに講演に呼ばれたりしたのですが、

そこでも申しましたが、ただ物理的に抱っこするだけでは駄目なんです。
落ち着いた、ゆったりした雰囲気で抱っこをしないと、
赤ちゃんの気持ちは安定しません。

先ほどのお母さんの心の中には、

「どうして笑わないの？」

「私が一生懸命抱っこすれば笑ってくれるはず」

などという気持ちがあったのでしょう。

そういう緊張感が赤ちゃんにも伝わり、

「笑顔」という素敵な能力を発揮してくれなかったのです。

お母さんが急いでいたり、腹が立っていたり、
悲しくなっていたりするときには、
抱っこはしないほうがいいですね。
そういうときは、ひと息ついて、
お母さんの気持ちが落ち着いてから抱っこしてください。
どうか、抱っこは豊かな気持ちで、お願いします。

赤ちゃんに効果的な抱っこ

ところで、抱っこの仕方には、いくつかのポイントがあります。
まずは、赤ちゃんの頭を左手で支える――いわゆる左抱きにしましょう。
お母さんの胸の左側に赤ちゃんの頭がくるようにすると、
赤ちゃんは、お母さんの心臓の音を聞くことができます。
この音は、お母さんのおなかの中で聞いていたのと同じドキドキ音なので、
赤ちゃんは、とても気持ちが落ち着くのです。

赤ちゃんを抱っこして揺するときも、ゆったりしたリズムで。
ちょうど「どんぶらこ、どんぶらこ」と歌いながら揺するといいでしょう。
こうすると、赤ちゃんは、
羊水の中にいたときのことを思い出し、安心するのです。
新米お母さんは、赤ちゃんが泣きだすと、すっかりあわててしまい、
泣きやまそうと必死になって、
「よしよし」と速いリズムで揺すりがちですが、これはやめましょう。
赤ちゃんは、安心するどころか驚いてしまいます。

決して前後に揺すってはいけません。
とくに首がすわらない3〜4か月までは、絶対に前後揺すりはしないでください。
脳内に出血を起こすことがあり、
けいれんを起こしたり、ひどい場合は死亡してしまうこともあります。

お母さんが楽しい気持ち、落ち着いた気持ちで抱っこすれば、
短い時間でも赤ちゃんは満足します。
そして、お母さんの情緒がマイナスに働いているときは抱かないこと。
抱っこは、豊かな気持ちですることです。
お父さんや、おばあちゃん、おじいちゃんが赤ちゃんを抱くときにも、
静かに、ゆったりと、抱っこをしてもらうといいですね。

揺さぶり抱っこの危険性

以前、「乳幼児は、揺さぶられると脳に出血が起こり、死に至る」
という新聞記事が出たことがあります。
その記事を読んだお母さんが、

「うちの子は強く揺すると寝つくので、つい強く揺さぶっていたのですが、大丈夫でしょうか？」と、心配そうに相談に見えました。

赤ちゃんが泣きだすと、ほとんどのお母さんは、赤ちゃんを抱っこして軽く上下に揺すってあやしますが、このくらいでは、通常、脳の出血はまず起こりません。ときに、赤ちゃんによっては、寝つくときの癖《くせ》として左右に頭を振ることがありますが、この場合も心配はいりません。

新聞では、親がどんな揺すり方をしたのか書いてありませんでしたので、お母さんは不安になられたのでしょう。

頭蓋骨《ずがいこつ》と脳組織の間に、厚い「脳膜《のうまく》」というものがありますが、そこの血管は、首すわりがまだ十分ではない生後半年くらいまでは、頭部に衝撃が加わると、破れやすいといわれています。

一種の虐待行為——たとえば、赤ちゃんの体をよほど激しく前後に繰り返し揺さぶったりしたような場合には、このような事故が起こるおそれがあります。

それも、1回や2回だけならまだしも、
赤ちゃんが泣くたび頻繁にこのような揺さぶられ方をしていると、
脳に出血が起こりますから、
赤ちゃんはぐったりしたり、全身のひきつけ（けいれん）を起こしたりします。
そして、始終泣き、食欲がなくなって、次第にやせていきます。
一日中うとうとして、脳の発育も悪くなり、
最悪の場合には死んでしまうこともある、というのは新聞のとおりです。
このようなことがあまり多いので、
「揺さぶられっ子症候群（SBS＝Shaken Baby Syndrome）」
という呼称すらあるほどです。

赤ちゃんを虐待しようと思っていなくても、
かんしゃく持ちのお父さんやお母さんが、
腹立ちまぎれに、このような行為をしてしまうことは少なくありません。
とくにお父さんは、昼間の疲れもあり、
赤ちゃんが泣きやまないと、つい、強く前後に揺さぶりがちです。

相談に見えたお母さんは、
赤ちゃんを前後に揺するのではなく、上下に揺すっていました。

しかもすでに9か月でしたので、まず大丈夫です、とお話ししましたら、とても安心しておられました。

しかし、生後3、4か月未満の、首のすわらない赤ちゃんの場合は、くれぐれも注意してあげてください。

死亡まで至らなくても、のちのち、たとえば学童期などに、後遺症《こういしょう》があらわれ、疲れやすくなったり、注意力が散漫になったりします。

いずれにしても、抱っこは、優しく行うのが基本です。

ゆらりゆらりと、赤ちゃんが羊水の中でのんびりお昼寝をしていたときの感覚を、抱っこで再現してあげるといいですね。

抱き癖は心配しないで

「抱き癖がついてしまいました」というご相談をよく受けます。

ひところ、欧米流の育児が流行《はや》った影響で、日本でも、抱き癖はよくないといわれていましたので、

おばあちゃんから抱き癖を指摘され、
心配になるお母さんも少なくないようです。
けれども、結論から言うと、抱き癖は心配なさることはありません。
赤ちゃんが泣いているのに、抱き癖が心配だからと、
心を鬼にしてほうっておくのでは、
お母さんも気が気ではないでしょう。

子育てにおいては、お母さんの心の安定が最優先事項です。
赤ちゃんが泣いている、抱いてあげたい、と思うときは抱いてあげることです。
まわりの意見に左右されず、自信を持って抱いてあげてください。

また、0歳児が、何かを求めて泣いているときに、抱いてあげないと、
2歳ごろになったとき、
非常に攻撃性の強い人間になることがあるといわれています。
赤ちゃんが泣いているときは、何かしら要求が発生したときですし、
赤ちゃんは、絶えず、それを満たしてくれる人を求めています。
ところが、毎回毎回要求しても満たされないことが続くと、
赤ちゃんには非常に強いフラストレーションが残ります。
そのフラストレーションが、1年、2年と続くうちに、

今度は、人を攻撃してやろうという一面があらわれることもあるからです。

ですから、抱き癖など気にせずに、
お母さんが抱っこしてあげられる状態のときは、
どうぞ、思いきりそうしてあげてください。
抱っこはお母さんと赤ちゃんの大事なコミュニケーションです。
たくさん抱っこして、たくさん愛情を伝えてあげてください。

よく泣く赤ちゃん

言葉がしゃべれない赤ちゃんは、泣くことで欲求を訴えます。

おなかが空いた、おむつを替えてほしい、といったことのほかにも、「寂しいよ」「怖いよ」など、ちょっとしたことで泣くことがよくあります。


抱っこしても、おっぱいを飲ませても、赤ちゃんが泣きやまないとき、お母さんは、「私の接し方が悪いのかしら」と、とたんに心配になります。

しかし、人間は本来、不安を宿しやすいものだといわれています。

まして、外の世界に出たばかりの赤ちゃんは、見るもの聞くものが初めてのことばかりなのですから、ちょっとしたことで不安になって泣くのは、仕方のないことです。

お母さんが、あまり神経質になりすぎないことが大切です。


しかし、なかには、一日中泣いているという赤ちゃんがいます。

赤ちゃんが夜まとまって眠ってくれないという悩みはとくに多く、「母乳だけで育てているので、夜中に何度も目を覚ますのは仕方ないことなのでしょうか」
といった質問を受けることも少なくありません。
しかし、生まれてすぐの赤ちゃんであっても、
質のいいおっぱいが出てきたら、ぐっすりと眠ってくれるものなのです。

お母さんは、妊娠中から気疲れを引きずっていることが多いものです。
お母さんが疲れていると、ストレスがたまった母乳が出ますし、
ストレスのたまった母乳には、
ゲップを吐き出させない作用のある物質が混じっています（Ｐ38参照）。

赤ちゃんは生まれるとすぐに、
誰《だれ》も教えないのに、上手に息をしながらお乳を吸いますが、
このとき、どうしても、胃の中で空気とお乳が混じってしまうのです。
ですから、赤ちゃんがおっぱいを飲んだ後、
背中をポンポンたたいてゲップを出させるのですが、
ストレスがいっぱいたまったおっぱいを飲んだ後は、
ゲップが出にくくなり、不快感が強くなります。
そうなると、かんしゃく持ちになって、
キーキーと甲高い声をあげて泣きやすくなり、

眠りも浅くなります。

赤ちゃんがぐっすりと眠るためには、
なによりもまず、お母さんが、深くよく眠ることが必要です。
ストレスがたまりやすいお母さんは、
印象として、理想主義・完璧《かんぺき》主義の方に多いようです。
頑張りやさんのお母さんは、
赤ちゃんが眠っている間も、掃除も洗濯もしなくてはと、
休む間もなく働きます。
「赤ちゃんのお世話は私がしなくちゃ」と、
家族に甘えることもなく、
育児も家事も全部ひとりで完璧にこなそうとします。

しかし、それでは身も心も疲れきってしまいます。
時には赤ちゃんのお世話を、ご主人やおじいちゃん、おばあちゃん、
ベビーシッターの方などに頼んで、
半日くらいゆっくりと体を休めてみてはいかがでしょう。
「洗濯物を少々ためても、それで死ぬわけじゃないんだから」くらいの、
おおらかな気持ちでいていいと思います。

そして、夜は早めにお休みになり、昼間は赤ちゃんと一緒に横になって、少しでも疲れをとる工夫をしてください。

それを10日も続けると、
お母さんのストレスもなくなり、母乳の質が変わって、おいしくなります。

すると、赤ちゃんもいつの間にか眠りが深くなり、泣くことも少なくなってきます。

お母さん、どうぞ、よくお休みになってください。

うつぶせ寝

あるとき1歳2か月になるお子さんのお母さんが、

「うちの子は、生後9か月ごろから、うつぶせ寝をするようになったんですが、大丈夫でしょうか」

と、ご相談に見えました。

「うつぶせ寝は赤ちゃんの呼吸を妨げると聞いているので、あおむけにさせるのですが、すぐに自分で寝返りを打ち、うつぶせになってしまうのです」

と、心配そうにおっしゃいます。

結論から言えば、うつぶせ寝は、
寝返りができるようになった赤ちゃんが自分でするのであれば、
まったく心配しなくても大丈夫です。
我々小児科医が問題にしているのは、
自分で寝返りが打てないころに、お母さんがうつぶせに寝かせることなのです。

もうだいぶ昔のことになりますが、
アメリカの育児の影響で、まだ自分で寝返りのできないころから、
赤ちゃんをうつぶせ寝にさせることが流行《はや》ったことがありました。
うつぶせ寝にさせると、
赤ちゃんの頭の形がよくなる、首が丈夫になる、というのがその理由でした。
また、授乳後、あおむけ寝にすると泣きだすことが多いのに、
うつぶせ寝だと泣くことが少ないというのも大きな理由のひとつでした。
うつぶせ寝はあおむけ寝よりげっぷが出やすく、不快感も少なくなります。
そういう意味で、うつぶせ寝は、
赤ちゃんにとっては楽な姿勢だといえるのですが、
困った問題も多く出てきます。

なかでももっとも問題になっているのは、

呼吸中枢《こきゅうちゅうすう》がまだ未発達の生後３～４か月以前にうつぶせ寝にすると、
赤ちゃんが酸素欠乏《さんそけつぼう》状態になりやすいという点です。
赤ちゃん時代は、男の子も女の子も腹式呼吸をしていますから、
うつぶせ寝ではおなかが圧迫されてしまい、
どうかすると、酸素欠乏状態になることがあるのです。
ことに、風邪などを引き、鼻づまりがあるときにうつぶせ寝をさせると、
軽い慢性の酸素欠乏状態になりやすいと考えられています。
そして、不運な場合には、
うつぶせ寝から乳児の突然死ということを引き起こしかねません。
突然死は、窒息死との見極めが、現段階では医学的にも非常に難しく、
うつぶせ寝そのものが原因だという証明はされていませんが、
突然死に至った例は多く、
うつぶせ寝をよいとしてきたアメリカでも、最近その弊害を認めてきました。

ただし、はじめにも申しあげましたように、
寝返りを打てるようになり、
赤ちゃんが自分でうつぶせ寝をする分には一向にかまいませんよ。
そのころになれば、もう呼吸中枢も働くようになっていますし、
うつぶせ寝でも腹式呼吸ができるようになるからです。

生まれつき手のかかる赤ちゃん

いつでも、誰にでも、ニコニコと機嫌のいい赤ちゃんもいれば、お母さんがそばを離れただけでメソメソしたり、ちょっとした物音にも驚いて、激しく泣く赤ちゃんもいます。少しのことなら、転んでも泣かない子もいれば、お母さんが抱き上げても、いつまでも泣きやまない子もいます。これは気質の違いとしか言いようがなく、生まれたときからあるものです。大ざっぱな分け方をすれば、「おっとり型」と「神経過敏型」とでも言えばいいでしょうか。

いつも気分が安定していて、おとなしく、とても扱いやすい赤ちゃんは、「育てやすい子」などといわれ、お母さんもゆったりした気持ちで接することができ、赤ちゃんも落ち着いて過ごせます。

反対に、ちょっとしたことでもすぐに泣いたり、むずかったりする赤ちゃんは、

「育てにくい子」と思われ、
お母さんをイライラさせることが多くなります。
「なぜいつまでも泣いているのかしら」
「私は子育てが下手なのかしら」などと、
お母さんは育児に自信を失ったり神経質になりがちです。

お母さんの気持ちが不安定になれば、
赤ちゃんの心も不安定になり、ますます激しく泣く、という悪循環を招きます。
「神経過敏型」の赤ちゃんの場合、
お母さんがそのことをしっかり認識して、
できるだけゆったりと、おおらかに接することが必要です。

「神経過敏型」の赤ちゃんは、
たしかに手はかかるかもしれません。
しかしそれは言い換えると、繊細で鋭敏であるということであり、
将来、奥行きのある、感性豊かな人間になる可能性を秘めているということです。

赤ちゃんのそういう気質を、
いい方向に導いてあげられるのはお母さんです。

泣いたら泣きやむまで、
たとえ長い時間がかかっても抱いてあげてください。
決して、「うるさいなあ」とか「また泣いた」などと思わないで、
ゆとりのある心で抱っこしてあげてください。
なによりもお母さんの落ち着きが、お子さんの心の安定をもたらすのですから。
そして「神経過敏型」の赤ちゃんの育っていく過程を、
どうぞ楽しんでください。

育児は満点を目指さないで

子育てが始まると、毎日が戦争です。

授乳ひとつとっても、おっぱいの消毒から始まって、お乳を飲ませて、ゲップをさせてと、しなくてはならないことが山ほどあります。

それをひとつひとつこなしていくだけでも大変なのに、夜中の授乳で、お母さんは慢性の睡眠不足。

肉体的にも精神的にも、疲れがたまっていきます。

そうなると、体が思うように動かなくなります。

あるとき、相談に見えたお母さんは、

「赤ちゃんに、にっこり微笑《ほほえ》みかけなくちゃ、と思っても、イライラしていてできないんです」と、大変悩んでおられました。

いいお母さんになろうと、育児書どおりにやろうとしているのに、それができない。焦燥感《しょうそうかん》ばかりがつのってくると言います。

「どうしたらよいのでしょうか」と、大きなため息をつかれました。

そのとき、私は、

「育児は、いつもいつも、育児書どおりの100%完全なものを目指さなくても、いいんですよ」と申しあげました。

おっぱいの消毒をしなくては、とか、アレルギーが心配だからカーペットを清潔にしておかないと、などと、あまり神経質にならなくても大丈夫。

赤ちゃんは、ちゃんと育っていくものなんですよ、と。


児童心理学者の故波多野勤子《はたのいそこ》さんは、「よき嫁」「よき母」になろうと頑張っていたそうですが、あるとき、身も心も疲れ果てて、悩みぬいた末に、

「そうだ六十点主義でいこう」と思いついたそうです。

すべてに百点満点を目指すのから、身動きがとれなくなる。でも六十点を目指すのなら、なんとかできるのではないか――

そう考えたわけです。

一度そう決めると、不思議なものですね。

家事にも育児にも心の余裕が出てきて、
結果的に、育児もお姑《しゅうとめ》さんとの関係も、

いままでよりうまく運ぶようになったそうです。

いい育児をやろうなんて思いつめる必要はないのです。
完璧なお母さんを目指していると、
かえって、必要以上に神経質になってしまいます。
お母さんが疲れてイライラすれば、
当然、赤ちゃんもお母さんの気持ちに巻き込まれ、
一緒になって疲れてしまうものです。

育児は、次から次へと、
やらなくてはならないことがたくさんありますが、
疲れたときは、あれもこれもやろうとしないで、
いま赤ちゃんがいちばん必要としているものは何かを、
まず考えてみましょう。
赤ちゃんは、おなかが空いているのかもしれません。
濡《ぬ》れたおむつが気持ちわるいのかもしれません。
赤ちゃんが、いまいちばんしてほしいこと、それだけをする。
それ以外のことは、思いきって手を抜いていいのです。

発達の目安を信じないで

生まれたときから歯が生えている子、生後5か月でやっと首がすわる子、8か月で歩きはじめる子、1歳半ちかくまでなかなか歩きださない子。お子さんの成長や発達は、百人百様で、それこそまちまちです。

ただ、お母さんとしては、乳幼児健診や近所の公園などで、同じくらいのお子さんを見ると、どうしても自分の子と比べて、悩んだり喜んだりといったことも少なくありません。

でも、赤ちゃんはみんな、その子なりの成長をしていて、同じような発達をする赤ちゃんは、一卵性の双子を除いては、ふたりといません。「できた」「できない」というだけで、優劣を決めるような考え方は、赤ちゃんにとってはなはだ迷惑な話です。育児書などに書かれてある発達の程度も、あくまでも目安であって、「そうでなければならない」わけではないのです。

お母さんたちは、
「うちの子、ハイハイしないで、ずりばいをしてしまうんです」とか、
「ハイハイはさせたほうがいいんですよね」などと、よくおっしゃいます。
しかし、子どもには、
歩きはじめるまでにいろいろな発達の仕方があります。
ひざの上でピョンピョンすることや、ハイハイを省略する子がいますが、
それはまったく問題のないことです。
ただ、お座りと伝い歩きは、どのお子さんも絶対に省略しませんし、
省略してはいけないのです。
ハイハイはしなくても、気にする必要はありません。

まだ赤ちゃんの人生は、始まったばかりです。
この時期の１か月や２か月の発達の早い遅いは、
大きな違いのように感じられるかもしれませんが、
将来的にはほとんど問題になりません。

お母さんには、
自分のお子さんの成長のペースを、「個性」のひとつとして、
もっと自信を持って見守ってほしいと思います。

7～8か月を目安に、おっぱいは、赤ちゃんにとって、
必ずしもありがたくないものになってきます。
断乳は、いわば「子離れの一里塚」、大きな試練といえましょう。
また、ハイハイ、つかまり立ち、あんよと、
赤ちゃんの行動範囲が広がり、うれしい反面、
お母さんの心配事が増える時期でもあります。

第3章

ふたばのころ

◆4、5か月ごろ～1歳半ごろ◆

断乳を始める目安

断乳を始める目安は、よく聞かれるところです。
昔は、1歳になったらおっぱいを卒業しましょう、とお話ししていました。
もちろん、赤ちゃんが、
食欲もあって、寝つきもよく、眠りも深いというようなときは、
1歳でも1歳半でも母乳を続けていていいのですが、
現代の、しかもストレスのたまりやすい都会のお母さんだと、
なかなかそうはいきません。

赤ちゃんにとって、
おっぱいはいちばんの栄養物であり、
母と子が強い絆《きずな》で結ばれる基盤となる大切なものですが、
残念ながら、おっぱいが、
いつまでもオールマイティなものではなくなるときがきます。

「寝つきが悪くて、おっぱいを飲みながらでないとなかなか眠ってくれません」

というのは、とても多いご相談です。また、
「夜泣きをするので、泣くたびにおっぱいをあげているんです」
と嘆《なげ》かれるお母さんも少なくありません。
お母さんも、睡眠不足でイライラがつのり、ほとほとお困りのことでしょう。
こんなとき、母乳栄養の赤ちゃんだと、
原因がお母さんのおっぱいにあることが多いのです。
私は、赤ちゃんが生後7、8か月以上であれば、
思いきって断乳してみたほうがいいことが多い、とお話ししています。

この時期になると、おっぱいの濃度が薄まりますし、
栄養は離乳食からとれるようになります。
また、ほとんどのお母さんは、育児の疲れがたまり、
寝不足だったりして、ストレスがたまってきます。
ふくらはぎを押してみてください。
ふくらはぎに痛みを感じたら、ストレスがたまっている証拠です。
お母さんのストレスがたまっているとき、
ストレスを和らげるために、お母さんの脳からホルモンが分泌《ぶんぴつ》されるのですが、
そのホルモンがおっぱいに混じると、味が変わり、おいしくなくなります。

そのおっぱいの中には、
赤ちゃんの脳神経を刺激する物質も混じっていますから、
それを飲んだ赤ちゃんは、
ちょうど私たち大人がコーヒーやお茶を飲みすぎたときと同じように、
寝つきが悪くなってしまうのです。
ところが、お母さんがそのことに気づいていないと、
寝つきが悪いからと、おっぱいを飲ませてしまうことになります。
すると、赤ちゃんの眠りはますます浅くなるのです。

断乳は「子離れの一里塚」

こんなふうにお話しすると、
「早い時期から断乳をすると、子どもが愛情不足を感じるのでは」
と心配するお母さんもいらっしゃると思います。
けれども、断乳のときの一日二日の欲求不満は、
将来的に子どもの性格にはまったく影響しません。
安心して断乳を行ってくださいね。

また、お母さんのなかには、
「おっぱいをあげているときがいちばんしあわせだし、
子どもにとっても、自然におっぱいを卒業するのがいちばん」
と考える方も多いことと思います。
けれども、
何がお母さんにとって、そしてお子さんにとって大事なのかを、
ちょっと考えてみてください。
お母さんがおっぱいをやめたくない気持ちもわかりますが、
それは、子離れができないことにつながります。
断乳というのは、「子離れの一里塚」だと思っていただければと思います。

お乳を離すというのは、たしかにつらいことです。
そこをちょっとふんばっていただく。
なぜなら、断乳をすると、不思議に、夜、お子さんが目覚めなくなる――
生後7、8か月を過ぎて、お子さんに生理的によい睡眠を与えたい場合は、
母乳は無用の長物どころか、
赤ちゃんにとってありがたくないものでもあるのです。

断乳に要する時間は、

いわゆる乳児期でしたら72時間、と私は申しあげていますが、
お母さんの乳首を赤ちゃんの唇《くちびる》に72時間触れさせなければ、
あんなに欲しがっていたのに、お乳を見せても吸おうとしなくなります。
これは、ひとつの習慣ともいえるわけですね。

いつまでもおっぱいをあげていると、
夜中に目覚めたり、食欲が落ちたり、離乳食も偏《かたよ》ったりして、
その間、発育も横ばいになってしまいます。
それは生理的にみても決してよいことではありませんし、
精神的な乳離れもできないという原因にもなります。
断乳については、その意味を、お母さん方に理解してもらいたいと思います。

断乳を始めると、赤ちゃんはおっぱいを求めて、とにかく泣きます。
そんなわが子を見るとかわいそうで、つい、おっぱいをあげたくなるでしょう。
でも、そうした誘惑に負けず、
毅然《きぜん》として断乳を継続する努力が必要です。
断乳の決意はお父さんにも伝え、協力を仰《あお》ぎます。
「きょうから断乳するので、夜泣いてうるさいでしょうけど、我慢《がまん》してね」

と、お願いしてください。

そういう意味では、断乳は、お父さんの休日の前夜から始めるのがいいでしょう。

住宅環境によっては、隣近所へのあいさつが必要かもしれません。

お子さんにも断乳の意思を伝えます。

ある程度の月齢になれば、お母さんの気持ちはくみ取れますから、真剣に、しかし優しく目を見て、心からお母さんの決心を伝えましょう。

そしてそれは、お母さんの子離れ宣言でもあるのです。

断乳するときのお母さんの気持ち、子どもの気持ち

「1歳3か月の子どもですが、断乳後1か月ほどしてから、寝るときに、母親の腕を吸うようになりました。

最近は、眠いときだけでなく頻繁に吸っています。

おっぱいをやめて寂しいからでしょうか。

私自身も、断乳後は子どもが自分から離れていってしまったようで、寂しく思えてしかたありません」

と、相談に見えたお母さんがいらっしゃいました。

断乳からもう1か月たっているので、
おっぱいをやめて寂しいから、
お母さんの腕を吸っているのではないと思いますよ。
むしろ断乳をして、
お母さん自身が寂しく思われる気持ちのほうが強いのではないでしょうか。

お母さんの腕を頻繁に吸うようになったそのお子さんは、
もしかしたら母乳をやめてから、抱っこが少なかったのかもしれません。
もう少し、お母さんに抱っこしてほしいという気持ちがあったのでしょう。
断乳したら、しばらくの間、
お子さんが要求したら、何回でも抱っこしてあげましょう。
そして、お子さんの目を見て、
おっぱいをやめても、いつもお母さんがお子さんを思っていることを、
優しいまなざしで伝えてあげてください。

また、断乳したとたん、
ところかまわず、お母さんのおっぱいを触りたがるお子さんもいます。

その場合も、人前でなければ、お子さんが心ゆくまで触らせてあげてください。
お子さんはおっぱいが恋しいのです。その気持ちをわかってあげてください。
いまのうちに十分に触らせてあげると、
お子さんは欲求不満がつのることもなく、心健やかに育つことでしょう。

断乳に挫折《ざせつ》したとき

一度は断乳をしたのに、お子さんに泣かれてどうしようもなくなり、
おっぱいを再開してしまった、というお母さんも少なくありません。
あるとき、相談に見えたお母さんは、
「うちは1歳7か月になるのに、
いまも夜だけはどうしてもおっぱいをやめられません。
やめさせようとすると、私の胸や顔をたたいて怒るのです」
と、ため息をつかれました。
そのお母さんは、1歳のときに一度は断乳を試みたそうなのです。
よくここまで、母乳一本で頑張ってこられたことと思います。

しかし、1歳5か月ごろからは、もうそろそろ反抗期に入っていますから、断乳はますます難しくなります。

お母さんが、「ダメよ！　おっぱい、もうやめなさい！」と命令的に言えば、お子さんはそれこそ、泣いて怒って反抗することもあるでしょう。


でもこれは、お子さんが自分の自我というものを認識して、その自我を大事に大事に守ろうとしているからなのです。

そのことをまず、お母さんが理解してあげてください。

お子さんに反抗されたりすると、お母さんも、ついカッとしてしまうかもしれません。

けれども、「ダメ」「いけません」でしつけるのは、犬や猫のしつけと同じです。


断乳をするには、まず子どもの自我を認めたうえで、「おっぱいやめられるよね」「できるよね」というような、言葉かけがとても大切になります。


育児の究極の願いは、独立した個人に育て上げることです。

それには、親離れ、子離れが必要です。

子離れは親もつらいけれど、断乳しようと決意したら、情にほだされたり、流されたりしないで、毅然《きぜん》として、やるときはやる――
それが子離れの第一歩です。
そのとき、お子さんが、お母さんをたたいたりしたら、
無言で、「ノー」と首を横に振ってください。

おっぱいにかぎらず、
お子さんにせがまれるままに与えてしまう、
そんな育児をしていると、お子さんはやがて、
わがままな困り者に育つおそれが十分にあります。
お子さんの自我を尊重することと、
お子さんが自分勝手なことをしても黙っているのとは、
根本的に違います。

このふたつの違いをしっかり頭に入れて、
今度こそ最後まで断乳を貫き通してください。
お子さんが泣いても怒っても、
お子さんの唇を乳首に近づけない。
断乳で挫折しないためにいちばん必要なことは、
お母さんのこの固い決意です。

「無言療法」のすすめ

赤ちゃんの言葉の能力を伸ばすためにと、
一日中お子さんに話しかけているお母さんがいました。
その方は、夜泣きの相談で見えたのですが、
お子さんは8か月になっているとのことでしたから、私は、
「お母さん、もう、おっぱいやめましょうね。
そうするとたぶん、夜泣きがおさまりますから」
と、断乳をおすすめしました。

それから数か月後、そのお母さんが、
「先生、断乳をしたおかげで夜泣きの回数は減りましたが、
まだときどき夜泣きをします」
と、再び相談に見えたので、
「あなたのところは、おばあちゃんかおじいちゃんと同居なさっているの?」
と、お聞きしました。
と言いますのは、

おじいちゃんやおばあちゃんとご一緒なのはとてもいいことですが、
おばあちゃんは人生の長い経験者でありますから、
往々にして、赤ちゃんを抱っこしながら、
いろんな人生経験を話したりするわけです。
これでは、赤ちゃんが疲れてしまいます。

大人の語りかけに対して、
赤ちゃんは、何を言っているのか、理解しようと緊張します。
その過剰な緊張が興奮を引き起こし、
夜の眠りが浅くなってしまうのです。

ですから私は、断乳がすんでいるのに、夜泣きで悩んでいて、
おばあちゃんとも一緒に暮らしているという方には、
おばあちゃん宛にメモを書くことにしています。
「おばあちゃん、孫にいちばん好かれるのは、
おばあちゃんが笑顔で黙ってお子さんの遊び相手をしてくださることです。
どうぞよろしく」
と書き、これをおばあちゃんに見せてくださいね、とお願いしています。

さて、相談に見えたお母さんは、
おばあちゃんとは同居していないとおっしゃいます。
こういう場合、たいていは、お母さんの語りかけすぎが原因です。
聞けば、そのお母さんもやはり、
言語発育を伸ばすためにと、朝から一生懸命赤ちゃんに語りかけていました。

そこで私は、お母さんに、「無言療法」をお願いしました。
これは私が名づけた方法ですが、
おばあちゃんにお渡しするメモの内容と同じで、
お母さんに、1週間くらい赤ちゃんに声をかけずに、
笑顔で接していただくというものです。
おむつを替えるときも食事のときも、
声をかけずに、ひたすら笑顔で接することを心がけてください。
ただ、話しかけまいと思うあまり、
つい緊張したり、怖い顔になりがちなので、気をつけてください。
そうなると、かえってお子さんを興奮させますから、
くれぐれも笑顔を忘れないでください。

語りかけをやめるというと、

お子さんの言葉の遅れを気にするお母さんもいるでしょうが、1週間ぐらい話しかけなくても、言葉の発達にはまったく影響はありません。眠りが深くなって落ち着いてきたら、普通に戻せばいいのです。

お母さんたちは、「無言」といっても、けっこうお子さんに声をかけているものです。けれども、あまり厳密に考えてしまいますと、お母さんも疲れてしまいますから、「無言療法」を心がけるだけで十分です。

眠りが浅い子ども

この時期、お母さんにいちばんお願いしたいことは、赤ちゃんが睡眠を十分にとれる状態にしてほしいということです。

夜泣きのご相談はとても多いものです。泣くだけではなく、奇声を発したり、徘徊《はいかい》したりと、ほとほとお困りのお母さんたちは、睡眠不足でイライラがつのっていることと思います。

あるとき、
「うちの子は夜泣きはしませんが、
夜の眠りが浅いのか、よく目を覚まして、夜中にひとり遊びをしています」
というお母さんがご相談に見えました。
生活のリズムもつかめず、お母さんはほとほとお疲れの様子でした。
身長は伸びたけれど、体重は増えない、ともおっしゃっていました。

夜中に子どもが目を覚ますのは、
たとえそのままギャーと夜泣きにならなくとも、睡眠の中断になります。
眠りが浅くて、深い睡眠がとれていないのです。
「寝る子は育つ」とはよく言ったもので、
成長ホルモンというのは、
深い眠りが続いたときに、たくさん分泌《ぶんぴつ》されるものです。
したがって、眠りが浅いと、
成長ホルモンの量が少なくなり、発育が足踏み状態になります。
お子さんが夜中に目が覚めるということは、
たとえ夜泣きにならなくても、よいことではありません。

お子さんがもっと深い眠りがとれるように、
お母さんも気を配る必要があります。

母乳のお子さんの場合はまず、お母さんのおっぱいとさよならすることです。
このころになれば、お乳は癖《くせ》になって飲んでいるだけで、
本当にお乳が欲しいわけではないと思われます。

次に考えられるのは、お母さんの語りかけすぎです。
昼間、言葉をかけることが多すぎると、
子どもは親から言われたことをわかろうと緊張し、
それが強い刺激となって興奮を引き起こします。

赤ちゃんや幼児の脳は、
いったん強い刺激を受けると、
半日たってもその興奮はなかなかとれません。
しかも、昼間の刺激が強すぎると、夢で目覚めてしまうことが多くなります。
まずは、昼間、あまりしゃべりかけすぎないようにしましょう。
言葉の猛勉強で、赤ちゃんが疲れてしまいます。

たとえば、赤ちゃんがひとり遊びに飽《あ》き、お母さんのひざにはい寄ってきたときだけ、十分に話をする、というようにしてみてください。

それから、昼間、外遊びを十分にさせてください。
外遊びはどうしていいのかというと、
自然からの刺激が受けられるからです。
これはお母さんの語りかけの刺激とは違って、
やりすぎになることはありません。
お子さんをひとりで自由に遊ばせ、お子さんから目を離さずに、
優しく見守っていてくださるとありがたいのです。
そうすると、その日の夜はとてもよく眠れるはずです。

ミルクアレルギーがある場合（P105~参照）も、
睡眠が浅くなるものです。
ミルクや牛乳、乳製品などをしばらく中休みをなさるといいと思います。
きっと寝つきがよくなり、夜半に目覚めることも少なくなるでしょう。
深い眠りがとれるようになれば、赤ちゃんの気持ちも安定します。
食欲も出ますから、体重も増えて、すくすくと伸びていくはずです。

深い眠りの重要性

「よそのお子さんに噛《か》みついたり、ひっかいたり、髪をひっぱったりするんです」と悩むお母さんがけっこういらっしゃいます。

こんなとき、「うちの子、性格が悪いのでは？」と心配しがちですが、もともと性格の悪い赤ちゃんなどいません。

お子さんの眠りが浅いことによるイライラが、原因の場合がほとんどです。

睡眠で大事なことは、時間の長さではなくて、深さです。

眠りというのは、最初は深い眠り（ノンレム睡眠）があり、その後しばらくして、夢を見たりする浅い眠り（レム睡眠）がありますが、ひと晩でそれを何回か繰り返しています。

ところが、昼間、何か強く興奮することがあると、浅い眠りのときに目が覚めやすかったり、深い眠りが必要なときにも、ある程度までしか深くならなかったりして、全体的に眠りが浅くなってしまいます。

これは、大人でも赤ちゃんでも同じことです。

また、人間には「神経疲労」と「筋肉疲労」があり、
これらふたつの疲労が噛みあって、夜ぐっすり眠れるのですが、
そのバランスが崩れると、深い眠りを得ることができません。
たとえば、大人の場合でいえば、外出の際に車ばかり利用していると、
体はそれほど使わないのに、運転で神経を使います。
こういうときは、「筋肉疲労」が少なくて、「神経疲労」が過剰となり、
バランスが崩れ、眠りが浅くなりやすいのです。

子どもも同じです。
あやされすぎたお子さんは、「神経疲労」が多くなりがちですし、
逆に体だけ極端に疲労してしまった場合も、よく眠れないことがあります。
何事も適度にということです。

成長ホルモンは、深い眠りが続いたときにたくさん出ます。
また、よく眠れるようになれば、気持ちも安定してきますから、
ぐずったり、噛んだりもしなくなり、落ち着いて過ごせるようになります。
そうなると、上手にひとり遊びができるなど、
次第に自分に自信が持てるようになります。

おしゃぶりがないと眠れない子ども

眠りに関して言えば、
おしゃぶりがないと眠れない赤ちゃんも多いものです。
あるとき相談に見えたお母さんも、
「うちの子は、おしゃぶりがないと絶対に眠れません」
とおっしゃっていました。
歯の形や歯並びに問題が出てくるといわれるので、心配なさっていました。

おしゃぶりは、
噛むという行為が脳の発達によいと推奨《すいしょう》している方もいらっしゃいますが、
私は、ずっとおしゃぶりをしたままのお子さんを見ると、
神経過敏にしてしまったのではと、かわいそうになります。
また、中耳炎になりやすいという説もあります。

しかし、この子にとっておしゃぶりは、
寝つくときに必要なちょっとした儀式みたいなものでしょう。

なによりも大事なのは子どもの安定、そして深い睡眠です。
おしゃぶりがあると、お子さんが安心してすぐに眠ってくれるというなら、
無理に取ろうと考えなくてもでいいでしょう。

小児歯科の先生によると、
3歳くらいまでは、歯並びなどへの影響はほとんどないといわれています。
ですから、それまでに取れればいいのです。
そして、自然に取れるのがベストです。
無理やり取ろうとして、
お母さんもお子さんもストレスを感じてしまうことは、避けたいものです。

ひとり遊びを十分にさせる、
語りかけが多すぎる場合は意識的に減らす——
そういうことを2、3か月続けていくうちに、
だんだん、赤ちゃんも、寝つきがよくなっていくものです。
そうすれば、おしゃぶりを無理に取ろうとしなくても、
いつの間にか自然に取れるものです。

添い寝とひとり寝

添い寝がいいかどうかで、頭を悩ますお母さんも多いことでしょう。
また、添い寝をすると、お母さんも一緒に寝てしまい、
たまった家事ができないので、
早くひとり寝をさせたいと考えているお母さんも多くいらっしゃいます。

ご両親に両側から守られるように「川」の字になって寝る日本式の添い寝は、
親に押しつぶされる危険がある、
生後間もない赤ちゃん時代を除けば、特に問題はないと思います。
お子さんが幼い間は、
欧米式の別部屋式より、同じ部屋で寝たほうがいいでしょう。
ただ、
母と子の絆《きずな》を強くするのに、添い寝をしなければいけない、
ということはありません。
といって、お子さんがお母さんと一緒に寝たがっているのを、
拒否することもありません。

求められたら受け入れる、それでいいのです。
お母さんに受け入れてもらえたというだけで、
お子さんの心は落ち着きを得て、安定します。
逆に、お子さんが添い寝を求めていないのに、
お母さんがそうしたからといって、
いい親子関係が期待できるわけでもないと思います。

「自立が遅れる」などと、
添い寝の害がよくいわれますが、そんなことはありません。
時期が来れば、お子さんは自然にお母さんから離れていきます。
逆に、
乳児期にお母さんからたくさんの愛情を受けたお子さんほど、
のちのち母子分離はうまくいきます。

ところで、お子さんは、なぜ添い寝を求めるのでしょう。
それは、大好きなお母さんのそばで寝るのは、
心地よいし、安心できるからです。
お子さんが一緒に寝たいと求めてきたときには、
どうか、優しく受け入れてあげてください。

かんの強い子ども

要求が通らなかったり、気に入らないことがあると、
ヒステリックに泣く赤ちゃんがいます。
もちろん、持って生まれた個性というのもありますが、
これも、ストレスの混じった母乳が原因であることが多いようです。

あるとき、9か月の赤ちゃんのことで相談に見えたお母さんも、
「うちの子は、大声で泣くだけでなく、
時々金切り声のような『キーッ』という声もあげるんです」
と、ほとほと困っているご様子でした。
そのお子さんは、夜中に4回も5回も目を覚ますというので、
私は、「母乳をあげていらっしゃいますか」と尋ねてみました。
すると、案の定、お母さんからは「はい」という答えが返ってきました。
赤ちゃんがしょっちゅうかんしゃくを起こすのは、
おそらく夜の睡眠が十分でないことが原因だと思いました。
昔のようにのんびりした環境だったら、

いつまでも母乳をあげていても、こんなことはなかったのです。
お母さんのストレスが母乳に影響して、
赤ちゃんの眠りが浅くなってしまうことが多いのです。

そういう母乳の弊害と思われるものが見られたときには、
私は断乳をすすめています。
断乳すると、夜泣きもなくなり、深い睡眠が得られることが多いのです。
そして、眠りが深くなれば、イライラすることもなくなります。

しかし、なかには、
すでに断乳がすんでいるのに、泣きやすい、という赤ちゃんもいるでしょう。
「思いどおりにならないときはもちろんですが、
寝起きのとき、抱っこしてもらいたいときと、とにかくよく泣いて困ります」
という相談もよくいただきます。

「生まれつき手のかかる赤ちゃん」の項（P68〜）でも述べましたが、
こんな場合は、神経が鋭敏で、感じやすい赤ちゃんなのだと思われます。
残念ながら、妊娠中や出産時にトラブルがあると、
それがのちのちお子さんに影響して、神経が鋭敏になることもあるようです。

また、そこには、ＤＮＡの問題などが関係していることもありましょう。

言葉でまだ要求を表現できない赤ちゃんは、泣いて自分の気持ちを表現します。
空腹や不快感を訴えるほかにも、
なんとなく不安な気持ちでいるときに、いつまでもほうっておかれると、
怒って強く泣きだします。
感じやすい赤ちゃんは、そういう反応が激しいのです。
泣きやむのにも時間がかかるし、
赤ちゃんの神経に障《さわ》った刺激を取り除いてあげても、
いつまでもぐずぐず泣くことが多いのです。

それを直すためには、
まず、昼間、イライラさせる原因を、
取り除いてあげることです。
お母さんの語りかけが多すぎたり、あやし方が激しいと、
それが赤ちゃんの神経を興奮させて、
夜の眠りが浅くなり、すぐに不快感を起こしやすくなります。
１週間だけ「無言療法」を実践してみてください（Ｐ88～参照）。

その一方で、赤ちゃんが泣いたら、
泣くたびに抱っこしてあげてください。
そして、赤ちゃんの気持ちが落ち着いたら、上手に降ろしてあげる——
これを繰り返すうちに、
赤ちゃんの不安な気持ちも少しずつ解消されていくでしょう。

また、このときは、
「時間がかかっても、泣きやむまで抱いていてあげる」といった、
おおらかな気持ちで抱くことがとても大事です。
決して、「うるさい」「また泣いた」とは思わないことです。
お母さんがイライラしながら抱くよりも、
かえってそのほうが短い時間で泣きやむものです。

おもてになかなかあらわれないミルクアレルギー

かんの強い赤ちゃんの場合、
ミルクたんぱくアレルギーが原因であることも多いものです。
とくにご両親にアレルギー体質があると、
お子さんにもその体質が伝わりやすいようです。
ご両親ともにアレルギーがある場合は、だいたい70～80パーセント、
どちらかの親がアレルギーのときは、約50パーセントのお子さんが、
アレルギーの体質が遺伝するといわれています。

このような場合、
生まれてすぐに人工栄養によるミルクたんぱくが体の中に入ると、
腸の消化能力が未熟なために、
たんぱく質を十分に消化、分解できず、そのまま吸収してしまいます。
それが、人間以外からのたんぱく質だと、
特別に反応して、抗体をつくってしまうのです。

こうして抗体ができてしまうと、
2度目、3度目に人間以外からのたんぱく質が体内に入ってくると、
アトピー性の湿疹《しっしん》やぜんそく症状が出てしまうことがあります。
また、たとえそのような症状が出なくても、
神経をイライラさせたり、夜泣きの原因になることがあります。
私はこのことを、
「おもてになかなかあらわれないミルクアレルギー」と名づけています。
実際、私も、そのようなお子さんにしばしば出会います。
ミルクをあげるととても寝つきが悪くなったり、
夜中に何度も目を覚ますお子さんは、決して少なくありません。

ですから、かんしゃくを起こしてキーキー言ったり、夜寝ないといったことは、
お子さんの素質というより、実は、
ミルクたんぱくによるアレルギーが原因だったりするわけですね。
夜よく眠ってほしいからと、
眠る前にミルクを足してあげるという人が多いのですが、
かえって逆効果である場合も多いのです。

成長ホルモンというものは、

深い眠りが続いたときにたくさん出ます。
したがって、眠りが浅いと、発育も足踏み状態になりますから、
お子さんには深い眠りを与えてあげたいものですね。

また、
「うちの子はアレルギーではありません。検査しても大丈夫でした」
とおっしゃるお母さんもいらっしゃいますが、
アレルギーとまではいかなくても、
ミルクに合わない体質というか、
ミルクに対する不耐症《ふたいしょう》が起こったときにも、
同じようなことがいえます。
不耐症というのは、
血液などを調べてもアレルギー反応が出ないのです。
それにもかかわらず、ミルクたんぱくが、
神経をイライラさせたり、神経を興奮させて、
眠れなくさせます。

こうしたときは、ミルクをやめたほうがよいと思います。
牛乳、チーズ、アイスクリーム、ヨーグルトなどの、

乳製品はもちろんですが、
牛乳を材料にした食品は、1年ほどやめることをおすすめします。
そうすると、その間に体の中にたまっていた抗体が薄まります。
だんだんと寝つきがよくなり、
かんしゃくを起こしたり、キーキーわめいたり、
夜泣きを起こすこともなくなります。

将来、牛乳をたっぷり飲めるようにするためにも、
しばらく、ミルクや牛乳をあげないでください。
かわりに、その間は、赤ちゃん用の豆乳があるので、
それをあげるといいでしょう。
心配でしたら、一度煮沸させてから冷ましたものをあげてください。
そうして、1年ほど様子を見ていて、
お子さんの夜泣きやかんしゃくが治まったら、
徐々に牛乳をあげてみるとよいでしょう。

再び牛乳を与えるときには、
水で2倍に薄めたものを、1日1回、大さじ1杯だけあげて、
寝つきはいいか、機嫌はいいか、すぐ泣かないかなど、

お子さんの様子を見てください。
特に変化がなければ、１日おいて、また大さじ1杯あげてください。
それでも大丈夫だったら、また1日おいて、今度は大さじ2杯あげてください。
それを3日～7日続けて、心配ないようなら、1日3回にしていきます。

そのように少しずつ量を増やし、１００ccくらいまでになったら、
今度はちょっと濃くして、
牛乳と水を2対1に薄めたものを、1日1回、大さじ1杯から始めて、
1日2回、3回あげてください。
問題がなければ、今度は薄めない牛乳を、
やはり1日1回、大さじ1杯から始めて、
2回、3回と増やしていってください。
その後も牛乳は1日２００ccくらいにとどめておきましょう。

将来、牛乳の恩恵にあずかるために、
決してあせらず、ゆっくりと進めていってください。

人見知りは、脳が自然に発達している証拠

人見知りは、多くは6、7か月ころから始まりますが、早い赤ちゃんでは4、5か月ころから始まることもあります。

人見知りが始まると、お母さんは困って、「どうしたら、人見知りを直せるのでしょうか?」と心配されます。

「母親として、どう対処したらいいかわかりません」と相談に見えるお母さんもたくさんいます。

皆さん、どうも人見知りを否定的に考えていらっしゃるようですが、人見知りは、知能の働きの自然な発達です。

人見知りが始まったら、むしろ、お母さん以外の人を認識できるようになったのだと、喜んでいただきたいのです。

人見知りを直そうと、わざと人に近づけたり、人のいる場所に連れていったりする必要はありません。

そういうことをなさると、逆効果です。

人見知りは、いずれ自然に直ります。
無理に直そうなどと考えないことです。
そして、お母さんが、「困ったな。人見知りをしないでほしい」
などと不安がらないことも大事です。
お子さんが人見知りをしそうになっても、
どうか、お母さんは心を落ち着けて、お子さんを抱っこしていてください。
そうすれば、お子さんの心も落ち着いてきます。

やがて、人見知りは後追いになるでしょう。
お子さんは、お母さんと離れるのを不安がって、どこまでもついてきます。
たとえお子さんがトイレの中まで来ても、
黙ってそれをさせておいてください。
少しでも早く、後追いや人見知りをやめさせようと思わないことです。
思う存分後追いをさせてあげてください。
お子さんは不安になり、
かえって後追いや人見知りが長く続くことにもなりますからね。

ところで、お父さんに抱かれると、
それだけで泣いてしまうというお子さんもいるようですね。

抱き慣れないお父さんは、
大丈夫かなと思いつつ抱くでしょうから、
その不安がお子さんに伝わって、いっそう不安になり、
緊張して泣いてしまうのでしょう。
こんなときは、お父さんにちょくちょく抱いていただいて、
慣れてもらう必要がありますね。

また、里帰りしたときなど、
お里のおじいちゃん、おばあちゃんも、楽しみにしておられることでしょうから、
抱っこして泣かれるとお気の毒ですね。
でも、お子さんにとっては、
毎日ふれあっているお母さんとは違う人ですから、
人見知りするのもしかたがないと、
わかってあげましょう。
このときもお母さんに、
「困ったな」「人見知りしないように」
などという不安があると、かえっていけません。

お里に帰ったら、

「いま人見知りの最中ですから、ごめんなさい」
と、ひとこと前もっておっしゃっておくといいでしょう。
お里では、お母さんも気持ちがゆったりするでしょうから、
まずお母さんが、そのゆったりした気持ちでお子さんを抱っこして、
お子さんの気持ちが落ち着いたところで、
おじいちゃん、おばあちゃんにお渡しになると、
お子さんもだんだんと泣かなくなるでしょう。

お母さんは、お子さんの人見知りや後追いの期間、
大変でしょうが、これは自然に直ることです。
あまり深刻にならず、おおらかにゆったり構えて、
お子さんの気持ちを十分に受け止めてあげてください。
あと何か月かすると、
お母さんが寂しくなるぐらい離れていってしまうのですから、
この時期を楽しむぐらいの気持ちでいましょう。

大人の真似《まね》をしない子ども

1歳ころになると、
「バイバイ」をしたり、両手をたたく「シャンシャン」など、
かわいいしぐさで大人の真似をするようになって、
周囲の大人たちを喜ばせます。
こんなとき、
同じくらいの年齢のお友達がすぐに大人の真似をしたりすると、
ついよその子と比べてみたくなる気持ちはわかります。
そして、「うちの子はなぜすぐに覚えてくれないのかしら」
と、心配するお母さんも多いものです。

「うちの子はなかなか『バイバイ』や『ちょうだい』などしないのですが、
何か問題があるのでしょうか」

というご相談も受けます。

けれども、大人の真似をしないからと、心配することはありません。

「うちの子は、覚えがよくないのかしら」「頭が悪いのかしら」

などと考えないでください。
ほかの子と比較してはいけません。

乳幼児期の発達は、その子の個性によっても違います。
いろんなことが非常に早くできるお子さんもいれば、
じっくり覚えてできるお子さんもいます。
それに、この時期の、こうしたことができる、できないは、
犬の「お手」や「おすわり」と一緒で、
親が毎日根気よく教え込めばできることが多いものですが、
少しでも早く、子どもにいろいろなことを覚えてもらいたいからと、
無理に教える必要はありません。
そのことが子どものプレッシャーになり、
子どもの心の安定を保てなくなっては、元も子もありません。

お子さんの発達が少しくらい遅くても、
「うちの子は大器晩成型かもしれない」と、
お子さんの個性をおおらかに見守っていただきたいと思うのです。

ひとり遊びから自信が生まれる

この時期、大切なのは「ひとり遊び」です。
お子さんがひとりで夢中になって遊んでいるときは、お母さんはそばで、手も出さず、口も出さないでいただきたいのです。
子どもは遊びながら、想像したり、工夫したりする能力を伸ばしていきます。
「楽しく遊ぶこと」が刺激となって、脳のいろいろな部分が発達していきます。
子どもにとって、遊ぶことそのものが勉強なのです。
ところが、そんなときに、「ひとりっきりで遊んでいてはかわいそう」と、
お母さんが必要もない抱っこをしたり、遊びに割り込んだりすれば、
遊びを中断することになります。
これは、子どもにとってはとても迷惑な話です。
そうやって遊びをたびたび中断されたり、いつもお母さんが手伝ってあげていると、
子どもはひとり遊びが上手にできなくなるばかりか、
集中力が養われず、
依存心の強い子になりかねません。

ですから、ひとり遊びをしているときは、
手を出さずに見守ってあげることです。
やがて、子どもは、ひとり遊びに飽《あ》きたり、寂しくなったりして、
お母さんのところへやって来ますから、
そんなときは笑顔で抱っこをしてあげてください。
それが、いちばん願わしい対応です。

寂しくなったときに、お母さんが、
「大丈夫、いつでも私はここにいますよ」
と、笑顔で子どもを受け止めてあげると、子どもはとても安心します。
そして、子どもの気がすんでから、
おもちゃを見せて、しばらく一緒に遊んであげたりすると、
お子さんは、再び、ひとり遊びを始めるでしょう。

子どもは、こうしたお母さんとのやりとりのなかで、
「困ったときにはいつでもお母さんがそばにいる。
だから、お母さんから離れていても大丈夫」と学んでいきます。
それが子どもの自信につながり、
やがて小さな第一歩が踏み出せるようになるのです。

お母さんにとってはいたずらでも

赤ちゃんは、手にしたものをなんでも口に入れて確かめようとします。
大人にとってはいたずらに見えても、
赤ちゃんにとっては、「これ、何かな」という探索行動なのです。
豆や電池など、のどに詰まらせると危険なものや、
薬やたばこ、洗剤など、害になるものは、赤ちゃんの手の届かない場所に片付けて、
あとは、のびのび赤ちゃんの好奇心を満足させてあげたいものです。

でも、ときには「つい」「うっかり」といったお母さんの油断から、
ペットボトルのふたなど、思いがけないものを口に入れようとして、
お母さんがヒヤリとする場面も少なくありません。
こんなとき、お母さんは驚いて、
つい「ダメ！」と我を忘れて大きな声を出しがちです。
そして、お母さんは気づいていませんが、
その声のイントネーションは、私たちが人を驚かせようとするときのものと同じです。
願わくば、できるだけ落ち着いて、

お母さんは黙って赤ちゃんが口に入れようとしたもの、
あるいはすでに入れてしまったものを取り除いてあげましょう。

また、たとえば赤ちゃんが、
縁側や2階の階段ぎわなど、危険なところをはっているときなども、
お母さんが、あわてて、「危ない」などと大声を出してしまうと、
赤ちゃんは、かえってびっくりして落っこちてしまうことがあります。
こんなときは落ち着いて、黙ってすみやかに赤ちゃんを抱っこして、
危険な場所から移動させてください。

ヒヤリとさせられる場面で、お母さんが落ち着いて行動するのは、
なかなか難しいことかもしれませんが、とても大切なことなのです。

「アッチッチ」の教え

「やってはいけない」ことのなかには、
ひとつ間違えると、
大けがをしたり、やけどなどの
事故につながるものも少なくありません。
けれども、言葉のわからない赤ちゃんに
「危ないよ」「痛いよ」と言っても、
まだ理解ができませんし、
この時期の「ダメ！」「いけません！」は、
効果がありません。
そして、このようなときには、
熱い、痛いなどの小さな経験をすることが、
いい教訓になることもあります。

たとえば、お母さんがアイロンがけをしているようなとき、
赤ちゃんは急に熱いアイロンに手を出したりするものです。

こんなことがないように、赤ちゃんがアイロンに興味を示しはじめたら、小さな経験をさせてあげることです。

具体的には、やけどをしないくらいの熱さのアイロンに、「これは、アッチッチだよ」と、軽く手を触れさせてみる。

すると、子どもはおそらく手を引っ込めることでしょう。

この経験で、子どもは「アッチッチ」の意味を覚え、「熱いことは危ないことだ」ということを知ることになります。

こうした経験は、
危険というものに対する用心や注意力、防御力といったことにつながっていきますし、さらには他人の痛みを感じることのできる人間になるという意味でも重要です。
痛さを知った人間は、ほかの人を傷つけてはいけないと、
体の深いところで覚えていてくれるのではないでしょうか。

また、危ないからといって、ベビーサークルの中に閉じこめていては、子どもに刺激を与えず、脳の発育にもよくありません。
子どもは本物志向で、いくらおもちゃを与えても、
親が実際に使う台所の調理道具や、電話、鍵などに興味を示します。
危険なもの、大切なもの以外は、どんどん使わせてあげてください。

子どもにけがをさせてしまったとき

赤ちゃんがハイハイをしだして、自分であちこち動けるようになると、
子どもの行動範囲がぐんと広がり、危険なことも増えてきます。
運動能力がぐんぐん伸びて、
昨日までできなかったことが、きょうはできるようになり、
大人が知らないうちにつかまり立ちをしたり、歩きだしたりします。

お母さんはぜひ、お子さんの目の高さ、手の届く高さで家の中を見直して、
危険なことはないか、しっかりと点検していただきたいと思います。
そして、危険なものや大切なものは、
赤ちゃんの手の届かない場所にしっかり保管しておいてください。

しかし、お母さんがどんなに気をつけていたつもりでも、
ちょっと目を離したすきに、事故が起きてしまうこともありえます。

あるとき相談に見えた9か月のお子さんのお母さんも、

お子さんの足の甲にやけどをさせてしまったと悩んでおられました。
それ以来、そのお母さんは、なにかというと、
子どもに「ダメ！」と、繰り返し言うようになってしまったそうです。
二度とこのような事故を起こすまいと思うあまり、
お母さんは、お子さんの行動に対してとても神経質になってしまったのです。
私がお子さんの足を見て、
「大きくなるにつれて、やけどの跡はわからなくなります。
心配なさらないで大丈夫ですよ」
と申しましたら、お母さんは、とても安心なさったようです。

やけどの跡よりも、むしろ私が気になったのは、
お母さんのその後のお子さんへの接し方でした。
そのお母さんのお気持ちはとてもよくわかるのですが、
「ダメ！」の連発は、やはり感心できません。

それに、言葉でのしつけができるのは、３、４歳くらいからです。
それまでは「ダメ！」「いけません」と言っても子どもには理解できません。
お子さんが危険なことをしそうになったら、「ダメ！」と叱《しか》らずに、
抱っこしてその場から離れるのが最良の方法です。

どうしても「ダメ！」と言いそうになったら、
言葉に出さずに、お母さんの頭の中で「ダメ！」と叱ってください。
そして、お子さんには、「ダメ！」という、「表情」だけを見せてください。
それだけで、お子さんには、十分お母さんの気持ちが伝わります。

ところで、数か月後、そのお母さんからこんなお手紙をいただきました。
「子どもにやけどをさせて以来、
やけどの跡が目に入るたびに罪悪感を感じ、
子どもがのびのびと動き回るのを制止していました。
でも、先生に見ていただいたおかげで、いまではやけどの跡も、
『ただの傷。のちのち治る』と思えるようになりました。
これから子どもが成長する過程で、
今回のやけど以上に大きなけがや病気にあうこともあるかと思いますが、
内藤先生にアドバイスしていただいたように、
子どもをかまいすぎないように気をつけて、
この経験をこれからの子育てに生かしていきたいと思います」
うれしいお便りでした。
子どもがのびのびと育つか、神経質に育つかは、
お母さんの接し方ひとつで決まると言っても過言ではないのですから。

手づくり離乳食について

お母さんが愛情を込めて離乳食をつくったのに、食べてくれない。
こんなとき、お母さんはとてもがっかりしますよね。
「なぜ食べてくれないの?」と、
かっかとなってしまう方もいらっしゃると思います。

お母さん方もそれぞれ好みの味があると思いますが、
実は赤ちゃんも、案外早くから味覚が発達しています。
生後すぐの赤ちゃんでも、苦い味のものは受け付けないことや、
酸っぱいものより甘い味を好むことはよく知られていますし、
私の経験でも、お母さんにストレスがたまっている状態のときのお乳は、
味がまずくなっていますから、赤ちゃんが嫌がることも多いのです。

まして、初めてのお乳以外の食べ物の味は、
赤ちゃんにとって、大変な舌の驚きにもなりかねません。
ですから、離乳食がスムーズにスタートできなくても、それは当然のことです。

お母さんの手づくりの離乳食は、たしかにありがたいものなのですが、
赤ちゃんは、味も舌触りもとても鋭敏であるということです。
香りの感覚も早くから強く働いていますから、
離乳食がスムーズにいかなくても当然なのです。

なかには、市販のベビーフードなら食べるという赤ちゃんもいると聞きます。
お母さんは、それをお手本にして、調理してくださるといいですね。
ベビーフードは、多くの赤ちゃんの味覚を考えて調味してあります。
つまり、万人向きにできているので、
ベビーフードのほうが食べやすいし、おいしいということもありえます。
赤ちゃんが、市販のベビーフードのほうを好むなら、
そして、手づくりの離乳食を食べないことが、お母さんのストレスになるくらいなら、
割り切って、市販品を与えるのもいいでしょう。
そして、市販品に、少しずつ手づくりのものを混ぜていくのもいいでしょう。
そうしていくうちに、だんだんとお母さんのつくったものに、
味も舌触りも慣れていくはずです。

ところで、離乳食は、
母乳のみで育った赤ちゃんよりも、

人工栄養や混合栄養で育った赤ちゃんのほうが、早く慣れるようです。
しかし、母乳のみで育ったお子さんは、
離乳食に対してのとっつきは悪くても、そのあとは順調に進むことが多いようですね。

離乳食がなかなか進まない

離乳食を進めていくうちに、
「柔らかいものは食べられますが、
お肉や野菜など固めのものを与えると、すぐに口から出してしまいます。
いつまでもうどんや雑炊《ぞうすい》ばかりで大丈夫ですか」
というご相談をいただくことがあります。

のどの粘膜が少し過敏なお子さんの場合は、
少し固いもの、粒の大きなものが口に入ると、
スムーズに飲み込めずに、すぐに戻してしまうことがあります。
そして、最初に固いものを食べたとき、のどが受け付けなかったりすると、
それ以降は用心して、食べなくなることがよくあるものです。

こういうとき、お母さんはしばしば心配されて、
「また吐き出すかしら」と不安がったり、
無理やり飲み込ませようとしますが、これはかえって逆効果です。
子どもはよけいに自信をなくしてしまいます。
「食べさせよう」とする前にまず、
お子さんに、「食べられる」という自信をつけてあげることが大事です。

そのためには、調理の形態に少し気を配ってあげるといいですね。
固いものなら少し粗《あら》くすって、なるべく自然にわからないように与えて、
少しずつ、少しずつ、のどに通るようにしていってあげる——
一度にたくさん与えなくていいんです。
ひとさじでも食べられたら、お母さんがにっこり微笑《ほほえ》んであげてください。

お母さんもお子さんと同じ食べ物を、一緒に召しあがってみてください。
このとき、わざとらしく「あ〜、おいしい」と言って食べると、
お子さんはとたんに警戒しますから、
お母さんは、あくまで何食わぬ顔と態度で口に入れてくださいね。

お子さんの機嫌のよいときは食事も進みますから、

機嫌のよいときに試されるとよいでしょう。
すると、案外食べられるものだから、
子どもも「これはおいしい」とか「これなら大丈夫だ」と、
食べる自信がどんどんついていきます。

どのお母さんも、
離乳食を早く進めなければとあせってしまうことが多いようですが、
早く進めすぎると、噛《か》まずに飲み込む子になってしまいます。
噛むということは、脳の発育にも重要なので、
どうぞゆっくり進めてください。
お子さんの自発的な「食べる気」を引き起こしながら、
あせらず、
少しずつ固い食べ物に慣らしてくださいますようにしてください。

小食の悩み

育児相談をしていても、「食べない」悩みは多いですね。

お子さんのためを思って、せっかく栄養を考えてつくったお料理ですから、お母さんは、なんとかたくさん食べてほしいと思うことでしょう。

加えて、小食なお子さんは、体が小さくて細めである場合も多いものです。

食べる量が少ないと、十分な栄養がとれないのではないかと、お母さんの心配は増すばかりだと思います。


けれども、成長に必要なエネルギー量は、個人によって大きな違いがあるものなのです。

つまり、あまり食べなくても元気な子は、車にたとえると、燃費がいいということでもあるのです。


成長に必要なエネルギー量の平均を１００としますと、よく食べる子の場合は１２０、正常に発育していても、あまり食べない子の場合は80ぐらいのこともあります。

その差は40ですから、よく食べる子に比べれば、小食の子はいかにも食べないように感じられるものです。でも、その子に必要なエネルギー量はそれで足りていますから、無理に食べさせようとしなくてもいいのです。


お母さんはついお子さんの成長のことを考えて、「食べさせること」にばかり気をとられがちですが、大切なのは、その子の発育全体を大きな視野で見ていくことです。病気ではなくて、自分から食べようとしないときには、あまり体重も減らないはずです。

ですから、たとえ小食であっても、体重の増え方も身長の伸び方も順調であれば、少しも心配はいりません。


また、「好き嫌い」や「むら食い」などのこともよく聞かれることですが、食欲不振だと好き嫌いが多くなりやすいものです。

どうか、和《なご》やかな雰囲気の中で食事をさせてあげてください。

そして、食べることは、「楽しくて」「うれしいこと」であることを、お子さんに教えてあげてください。

むら食いに関しては、
子どもの食事の量は、1食単位、1日単位で見るのではなく、
1～2週間という範囲で見てバランスがとれていればよい、
とする報告もあります。
きょう食べなくても明日食べればいい、というような、
おおらかな気持ちでお母さんがいれば、
案外子どもは食べてくれるものです。

食欲が旺盛な子ども

反対に、
「うちの子は、ミルクを飲みすぎて困ります」「食べすぎて困ります」
というご相談をいただくこともあります。
こんなとき、お母さんが心配なさるのは、
「こんなに食べて、肥満児にならないでしょうか」ということです。
昔は、「よく食べる」「まんまるとした」は赤ちゃんに対するほめ言葉でしたが、

いまはそういう時代ではないようです。
あるお母さんは、お子さんが肥満になるのを恐れるあまり、
食事を制限しているとおっしゃっていました。
ミルクを薄めにつくったりするお母さんもいらっしゃると聞きます。
けれども、母子手帳の体重と身長のカーブを比較して、
体重のカーブだけが標準からぐんぐん離れていくということがなければ、
心配なさる必要はありません。

それに、小学生になってからの肥満ですと、
その後の問題に、多少関係する場合もありますが、
乳幼児期の肥満は、
やがて成長するにつれて運動量が増えると、
自然に解消されていく場合が多いものです。
また、昔は、
食べすぎると胃拡張《いかくちょう》になるなどといわれたこともありますが、
たくさん食べたからといって
胃拡張や胃下垂《いかすい》になったりはしません。
その点も心配は無用です。
それに、新陳代謝《しんちんたいしゃ》が盛んな子どもは、

いっぱい食べても太らないものです。

お母さんがお子さんの肥満をおそれ、食事を制限したりすると、逆効果です。
ダイエット経験のあるお母さんならおわかりになると思いますが、
食事は制限すればするほど、かえって多くの食べ物を食べたくなるものです。
お子さんが食べすぎないようにと、
お母さんが一生懸命になりすぎないことです。
とはいえ、食べても食べても欲しがるお子さんもいます。
なかなかおなかがいっぱいにならないのは、なぜなのでしょうか。

それは、脳の視床下部《ししょうかぶ》というところにある、
「食欲のコントロールセンター」が関係しているのです。
このコントロールセンターには、
おなかが空いて、血糖値《けっとうち》が下がってくると、
「食べなさい」と指令する「摂食中枢《せっしょくちゅうすう》」と、
食事をして、血糖値《けっとうち》が高くなったり、脂肪の分解が盛んになったりすると、
「おなかがいっぱい」という指令を出す「満腹中枢《まんぷくちゅうすう》」というものがあります。
そして、このふたつを総称して食欲中枢と呼んでいます。

おなかが空いたとき、食べたい気持ちが強くなるのはこのためですが、
このときあまりに急いで食べると、脳の満腹中枢が、
「もうおなかがいっぱいだから食べるのをやめなさい」という信号を、
出すのが遅れがちになります。
そうなると、
本当は十分に食べているのに、まだまだ欲しがったりするわけです。
ですから、食べすぎるお子さんの場合は、
いきなり食事の量を制限するよりも、
食事を少量ずつゆっくりと食べさせるようにするといいのです。
たくさん噛むようにして、
口の中のものがなくなってから、次のひと口をあげるようにしてください。
ゆっくりと食事をさせると、次第に満腹中枢が働いてきます。
食事は時間をかけて、楽しく食べられるようにお願いします。

また、時に、逆子《さかご》で生まれたお子さんのなかには、
食欲中枢が不思議に刺激されて、
食べても食べてもまた欲しがるという場合があるようです。
これは、生まれてしばらくの間、
視床下部などのいろいろな脳の働きのバランスが、うまくとれないためですが、

でも、このバランスも、成長するにつれて、うまくとれてくるようになりますから、心配はいりません。

いずれにしても、乳幼児期では肥満は心配しなくてよいのですが、摂食中枢がいつも興奮状態の子は、しょっちゅう食べてばかりということになり、便も多くなります。一日の便の量があまりにも多いことが続くようなら、一度、小児科の先生に相談されるとよいでしょう。

また、肥満が起こりかけているかどうかは、カウプ指数も参考にしてみましょう。

赤ちゃんの便秘

「うんちは健康のバロメーター」などといわれ、赤ちゃんのうんちが2、3日出ないと、お母さんはとても不安になります。

けれども、3日に1度でも、自然に便意がもよおしてくるのなら、それはその子の個性で、決して心配するべきものではありません。

カウプ指数
肥満かどうかを判定する方法のひとつ。
カウプ指数＝体重(g)÷{身長(cm)×身長(cm)}×10
この指数が、乳児は22以上、幼児は20以上が肥満。

「母乳をやめて粉ミルクにしてから、便秘になりました」
と相談に見えるお母さんは多いものです。
粉ミルクは、カルシウムなど便が固まりやすいものが入っているので、
母乳の赤ちゃんに比べて、人工栄養の赤ちゃんは、
便秘になりやすい傾向があるようです。
便秘にはプルーンがいいと聞き、試す方もいらっしゃいますが、
効く子と効かない子がいるようです。

なにより、お母さんが、
「きょうこそうんちを出そう」「きょうも出ないのかしら」などと、
神経質に考えないことも大事です。
お母さんの気持ちは、不思議なくらい、即、子どもに伝わります。
お母さんが、お子さんのうんちを出そうとあせったりすると、
子どもはいっそう緊張して、うんちが出なくなります。
毎日出なくても、お母さんはのんびり構えてください。
「2、3日出なくても平気」くらいに思っていてください。
とはいえ、数日うんちが出ないと、便が固くなります。

固いうんちは、排便《はいべん》するときに肛門《こうもん》が痛み、
うんちをすると痛くてつらいから、排便する気が起こらないという、
悪循環が起こります。
こんなときは、うんちを出やすくするお手伝いをしてあげてください。
お子さんが、うーんといきんだりして、うんちが出そうな様子が見られたら、
肛門の入り口、ときには肛門の中まで、
ベビーオイルを綿棒につけて、塗ってあげるといいでしょう。
こうすると痛みが少なくなり、スムーズに出やすくなります。

食べ物に偏《かたよ》りがないか、
肉や魚ばかりで野菜の繊維が少なくないかも、考えてみてください。
子どもの便秘の原因は水分不足と、お考えになるお母さんも少なくありませんが、
そればかりが原因ではありません。
水や白湯《さゆ》を飲ませても、腸ですぐ吸収されてしまい、
おしっこになって出るほうが多いものです。

水分不足よりもむしろ、
大腸が緊張しすぎて動かなくなった場合に、便秘をしやすくなります。

お子さんが便秘がちのときは、お母さんが育児で緊張しすぎていないか、振り返ってみる必要があります。

お母さんが「のんき」を心がけることが、赤ちゃんにはありがたいことです。

そうすると、赤ちゃんの気持ちも安定して、直腸を支配している自律神経もバランスよく働くようになり、うんちも出やすくなります。

自然に出そうとばかり思わず、ときには浣腸《かんちょう》だってやるつもりでいいでしょう。

低身長の悩み

身長が低いという相談は、やはり男のお子さんを持つお母さんからいただくことが多いですね。

あるとき、生後7か月の赤ちゃんを抱っこしてきたお母さんも、

「男の子なので、将来ぜひ背を伸ばしてあげたいんです」

とおっしゃって、ホルモン注射のことをお尋ねになりました。

このお母さんのおっしゃるホルモン注射というのは、

成長ホルモンの注射のことなのでしょう。
何かの病気が原因で低身長の場合に、
治療の一環として行われることがありますが、
その子が体質的に背が低いというようなときには、必要ないと思います。
身長についてあえて言えば、
やはり遺伝的要素というか、ＤＮＡの影響がいちばん強いでしょう。
一卵性の双子《ふたご》はだいたい背の高さが同じです。
また、両親がアレルギー体質を持っている場合も、
子どもの背が
多少伸び悩むということがあるようですが、
それも確率としては10パーセントの範囲内です。
ちなみに、北半球の場合、
身長は春から夏にかけて伸び、
体重は秋に増える、
という説があります。

現に、私の場合も、男6人、女ひとりの
7人きょうだいでしたが、
男の子のうち、ふたりは背が低く、

あとの４人は当時としては見上げるほど背が高かったです。
うちの父親も母親も、アレルギーを持っていましたが、
それでも大変背の高い子も生まれるということです。
栄養面でいえば、思春期前後の大事なときに、
たくさん牛乳を飲めるような状態にしておいてあげるとよいと思います。
もし、いまお子さんがミルクアレルギーを持っているとすれば、
牛乳は、成長期の小学校４年生あたりから、
副作用なく多く飲めるようになればそれでよいのですから、
そのつもりで、いまはのんびり構え、控えてください。

噛《か》む子ども

乳歯が生えはじめるころ、
歯ぐきが少しむずむずすることもあり、
お子さんは何かを噛みたくなることがあります。
ちょうどそのころは、
昼間に緊張したり、断乳などが原因でイライラするなど、

子どものストレスが、多くなる時期でもあり、
それが噛みつきの原因になることもあります。
「ベッドの柵《さく》が噛み跡でいっぱい」というご相談もありました。

赤ちゃんは、そもそも、なんでも口に入れます。
口からの刺激を求めているのです。
噛みつくのはそれが少し激しくなっただけです。
それを、「どうしたのかしら」とお母さんが気を回しすぎると、
よけいにひどくなるようです。

イライラやストレスは、眠りが浅い日が続くと解消されません。
ですから、お子さんを深い眠りに導いてあげる必要もあります。
時間だけ長くても、浅い眠りではいけません。
ぐっすりと、よく眠れれば、
朝から機嫌よく目が覚めて、イライラしなくなるものです（P91～参照）。

お母さんが疲れていたり、
「噛みつくのをなんとかやめさせなくては」とイライラしたりしているときは、
その気持ちがお子さんに伝わり、夜の眠りが浅くなります。

ですから、お母さん自身、気楽になるように努めることも大事です。お母さんの気持ちが落ち着けば、お子さんの気持ちもゆったりと安定して、よく眠れるようになるでしょう。

「抱っこをしていて、衣服の上から肩を噛まれる」
というご相談も多いですね。
抱っこされると、目の前に肩があるので、噛みつきやすいのでしょう。そんなとき、お母さんが「痛い！」などと大声を出すと、
お子さんはお母さんの驚いた顔や、大きな声をあげたことがおもしろくて、噛みつくことが癖になることがあります。
それがだんだんひどくなると、
お母さんだけでなく、友達にも噛みつくようになるかもしれません。

そうしたことにならないためにも、
お子さんが噛んだときは、お母さんは決して騒がないことです。
「ノー」という態度で、黙ってお子さんの目を見つめてください。
お子さんはお母さんの表情を見て、
「いけないことなんだな」と、ちゃんと理解するはずです。

3歳を過ぎるまでは、「なぜ噛みついてはいけないのか」などと、理屈を言って教えても、効果は期待できません。

「いけない」というお母さんの表情だけで十分です。

アトピー性皮膚炎のある子ども

最近は、アトピー性皮膚炎についての相談が多くなりました。

アトピーについては、いろいろな情報が氾濫《はんらん》していますし、本を読んでも、その内容がまちまちだったりします。

また、医師と保健所の指導が違っていたり、医師によっても考え方が違うので、それがいっそうお母さん方の混乱を招くのでしょう。


健診などで「アトピー性皮膚炎」と診断されると、

「食事療法は、必要ですか?」「皮膚炎は、一生治らないのですか」と、お母さんは、とたんに心配なさいます。

けれどもアトピー性皮膚炎は、たとえ全身にできていても、1〜2年後にはきれいに治ってしまうことも多いのですから、あまり深刻に考えすぎないことです。
「私はアトピー体質だから、そのつもりで扱って」と、赤ちゃんがメッセージを送ってくれているのだと思うようにしてください。
ただ、３歳くらいまでは、人間以外からのたんぱくが、
あまり多く体に入らないほうがよいでしょう。
とくに、アレルギーの原因となる代表的な食べ物――
牛乳、鶏卵《けいらん》などのどれかに反応することが多いので、
少し食事に気をつけてあげるとよいですね。
お母さんは、ちょっと大変でしょうが、
一生涯、体によいものがアレルギー反応を起こさずに食べられるよう、
この大事なときに、気をつかってあげてください。

ご両親にアレルギー体質がおありになる場合はとくに、
卵は、３歳まではお使いにならないようにしていただきたいですね。
消化力がついてくる４歳以降から与えるようにしてください。
そのころになると、アミノ酸まで分解できる消化の働きが出てくるので、
アレルギーはまず起こりません。
卵を食べると、調子が悪くなるとか、じんましんが出る、集中力が欠けるとか、

一生そういうことになるとかわいそうですから、
あわてずに、与えてあげてください。
そして、卵を食事にとり入れるときには、
最初は、よく熱を加えた卵の黄身を少量与えるようにして、
卵白は、もっとあとから与えるようにしてください。
一度にひとつの食品をたくさん与えすぎないことも大事です。

アトピー性皮膚炎で困ることは、
かゆみのために夜の眠りが浅くなることですね。
眠りが浅いと、翌日は神経がイライラして、
ちょっとしたことでかんしゃくを起こすこともありますから、
お母さんはそのことも知っておいてください。
アトピーは、お子さんのストレス、
つまり精神的なこともかなり影響します。
お母さんに寝不足やイライラがあると、
それがそのまま子どもにも伝わり、
お子さんの湿疹《しっしん》もできやすいようです。
お母さん自身、ゆったりとおおらかな気持ちで過ごしてください。

ぜんそくのある子ども

あるとき、1歳3か月のお子さんを持つお母さんが、
「アレルギー専門の小児科で、
卵白、卵黄、牛乳にアレルギー反応があると言われました」
と、相談に見えました。
いまは、医師の指導のもとで全卵を除去しているそうですが、
全卵の除去食は、何歳くらいまで続ければよいのか、
また、ぜんそくの気《け》があるので、ぜんそく予防についても教えてほしい、
とのことでした。

食べ物が原因で起こるぜんそくは、乳児期くらいまでだと思います。
いまは医師にみてもらいながら、
食べ物に気をつけていらっしゃるということで、大丈夫だと思います。
これから先の本当の苦しいぜんそくの発作は、
毎日毎日、気管のほうへ吸い込んでいる、ハウスダストが主な原因になると思います。
正体はだいたい表皮ダニだといわれていますから、

この表皮ダニを吸い込ませることだけは避けたいですね。
誰でも毎晩布団に目に見えず垢《あか》を落としますが、
ダニはその垢を食べて生きています。
こまめにシーツを替えて、布団をよく干し、
干したあとは布団に掃除機をかけて、ダニを吸い取るように心がけましょう。
お部屋の掃除もまめにしてください、とお話ししました。

全卵についていうと、
完全に消化できる膵臓《すいぞう》の能力は、早くておよそ3歳ですが、
4歳まで待って与えていただけるとさらにいいですね。
牛乳も、カルシウムをとるのには便利な食品ですが、
ほかの食品でもいいのです。
煮干を骨ごと粉にしておいて、
それをひとさじみそ汁に入れたり、ふりかけにしたりなどでもいいでしょう。

ところで、お子さんがぜんそくだと、
お母さんは、いつ発作が出るのかと不安になりますね。
けれども、何事につけても、お母さんの不安そうな顔つきや気分は、
すぐにお子さんにも伝わってしまうものです。

ですから、お母さんは努力してでも、気楽に構えるようにしてください。
それには、お母さんもできるだけ睡眠をとることです。
早寝早起きをして、お子さんと一緒に、
規則正しい生活のリズムを整えてください。

核家族とアトピー

核家族のお子さんは、アトピーが治りにくいということが、
ドイツの最近の研究で明らかになりました。

核家族の場合、祖父母などと同居している大家族と違い、
お母さんの意識が、たえず赤ちゃんに集中しがちです。
一日中、お母さんと赤ちゃんが、一対一で家の中で過ごすことも珍しくありません。
泣いた、笑った、転んだ――
赤ちゃんのすべての行動が、お母さんの注意を引きつけます。
その影響で、赤ちゃんの神経が過敏になってしまうのが、
アトピーを治りにくくしている原因のひとつとして考えられます。

お母さんと赤ちゃんがふたりきりで家にいると、
お母さんは、ついあれこれ赤ちゃんの世話を焼きすぎるし、
過剰なほどの心配をする傾向があります。
さらに、いろいろと話しかけて、
赤ちゃんを「言葉攻撃」にさらしてしまうことも考えられます。

たとえば夜、赤ちゃんを相手に、
「パパ遅いねぇ。いったいどうしたんでしょうね」などと話しかけると、
赤ちゃんは、お母さんの言葉を理解しようと、一生懸命頭を使うわけです。
そうした言葉の洪水が、朝となく、昼となく、夜となく押し寄せると、
赤ちゃんは疲れ果てて、神経質になり、夜も眠れなくなってしまいます。

どうか、言葉の代わりに、お母さんの笑顔を見せてあげてください。
そして、あまり世話を焼きすぎず、心配もほどほどにして、
毎日を過ごしてください。
お子さんの気持ちが落ち着き、ゆったりした気分になり、
ぐっすり睡眠をとることが、アトピーを治すよい薬になると思います。

風邪《かぜ》を引きやすい子ども

「うちの子どもは風邪を引きやすい」「体が弱いのではないかしら」と悩むお母さんは多いようです。
そもそも、生後5、6か月ぐらいまでは、免疫《めんえき》という、病気に打ち勝つ力をお母さんから受け継いでいますし、母乳を飲んでいる赤ちゃんでしたら、ますますその免疫を体にとり入れているわけですが、免疫が切れるころになると、赤ちゃんの体は無防備になります。ですから、しょっちゅう風邪を引いて当然なのです。赤ちゃんの体が次第に強くなっている証拠なのです。

けれども、熱がなくて、ちょっとした気温の変化で、鼻水やくしゃみ・せきなどが出るというときには、風邪ではなくて、呼吸器のアレルギーかと思われます。アレルギーの場合は、熱が出ないこと、そして、機嫌もさほど悪くないけれども、鼻水やくしゃみ・せきなどが繰り返し出る、といったことが特徴です。
ことに、両親に花粉症などアレルギーの病気がある場合には、
お子さんもアレルギー体質を受け継いでいる可能性が十分にあります。

鼻水やせきとともに熱が出る場合には、やはり風邪が疑われます。
風邪のウイルスはさまざまですが、
睡眠がとれなかったり、疲れたりして、免疫力が落ちてきたときに、
パッと体にとりついて、いろいろな症状を起こします。
予防には、何よりも、よい睡眠をとることです。
睡眠が十分にとれると、疲れも吹っ飛ぶはずです。

ところで、お子さんが風邪を引きやすかったり、アレルギー体質であるという場合、
お母さんはついつい過保護になりがちですね。
しかし、過剰に心配しないで、
「ぼく（私）はこういう個性を持っているから、こう接してね」
という、メッセージを送っていると考えていただきたいですね。

心配性のお母さんだと、
お子さんがくしゃみをしようものなら、

それこそあわてて厚着をさせたり、外に行くのを控えさせたりしますが、
熱もなくて、お子さんの機嫌もよく、元気な様子であるなら、
厚着をさせる必要はありません。
お散歩や外遊びも、
木の枝が動くほどの冷たく強い風が吹く日でなければ、
どうぞさせてあげてください。

体の免疫力は、実は、
ストレスがたまると落ちることが知られています。
ですから、暖房の効いた部屋に閉じこもって、
親子でイライラするよりも、
新鮮な外の空気を吸ったほうが、
親にとっても子どもにとっても気分転換になり、
いい結果が生まれることもあります。

また、病気に負けない体をつくるには、
朝晩、肌着や下着を、
すっかり取り替えてあげるのもいい方法です。
とくに、朝起きたときには、笑顔でお子さんの目を見つめて、

お母さんの手で、お子さんの手、足、背中、胸をよくこすった後で、
木綿《もめん》の肌着を着せてあげましょう。
こうすると、親子の肌のふれあいで絆《きずな》が深まると同時に、
体温を調節する機能が早く育ちます。

１歳半を目安にその前後、
急に自己主張が強くなり、「いやいや」が増えるなど、
お母さんを困らせることが多くなります。
実は、２歳半ぐらいまでのこの時期こそ、
子どもが自我を育てている大切な１年間です。
お母さん、どうか「ダメ！」でお子さんを否定しないでください。

第４章

つぼみのころ

◆１歳半ごろ〜２歳半ごろ◆

「いやいや」には、お赤飯を炊いてお祝いを

1歳半ごろになると、
お子さんの自己主張が急に強くなったというご相談が増えます。
「うちの子は、自分の思うようにいかないと寝転がって大泣きをします」とか、
「『いや』と言って、私とつないでいる手をはねのけたりするんです」などと、
どのお母さんも一様に手を焼いている様子です。

いままでおとなしく言うことを聞いていた子どもが、
急に「いや」と言いだすのですから、親はあわてます。
このままではしつけもできないと思い、
いきおい、「『いや』とは何事ですか」という態度で子どもに接することになります。

けれども、私は、お父さん、お母さん方にぜひお願いしたいことがあるのです。
それは、お子さんが「いや」と言ったら、叱《しか》ったりせずに、
むしろお赤飯を炊いて、子どもの成長を心から喜んでいただきたいと思うのです。
なぜなら、「いや」と言うのは、

子どもの脳が発達して、自我が芽生えてきたということなのですから。

子どもに自我が芽生えはじめると、
「自分の頭に湧《わ》き出た思いを貫徹しよう」という気持ちが生まれます。
「自己認知」という、
そして、子どもは「いや」と言うことで、
自分のなかに芽生えてきた自我を、
大事に大事に守っているんだと宣言しているのです。
そんなふうに子どもに芽生えた大切な自我を、
どうか、きちんと認めてあげてほしいのです。

ところが世界中のお母さんたちは、
いまこの時期が、子どもが自我を大事に育てている大切な1年間であるということを、
つい忘れてしまいます。
早くよい子にしたいからと、「ダメ！」と言って叱る。
「いけません！」と言って子どもの気持ちを抑えつける。
「言うことを聞きなさい」と無理《むりじ》強いをする——
こんなふうに、子どもの自我を抑え、否定し、無視することが、
しつけだと思い込んでしまっているのです。

「個性豊かな人間に育てたい」と言いながら、
いちばん大事な個性が育つ時期に、
それを打ち消し、個性のもとをつぶしておいて、
あとになって個性をつくろうとする。
あとからの教育でも多少は変わるでしょうが、
基本となる個性というのは、
1歳半から2歳半くらいまでのこの時期に、
つくっておかねばなりません。
それには、子どもにやってほしいことを、
親が一生懸命信頼を込めて、きっとわかってもらえるはずだと、
根気よく、我が子に語りかけることです。
そうすれば、子どもはそれを了解し、記憶して、
何か禁じられたことをしたい欲望が起こったときに、
それをやらないでおこうというセルフ・コントロールができるようになります。

反対に、子どもに芽生えかけた自我を、
親や大人たちが「ダメ!」「いけません!」と、命令口調で従わせようとすると、
子どもは自我を否定されまいと必死に逆らうでしょう。
親の目には、これがよけいに反抗的な態度に映りますから、

親のほうも、つい感情的になっていきます。

ですから、くどいようですが、もう一度申しあげます。
子どもの願いは、「自我を認めてほしい」ということです。
こういう強い強い願いがあるのに、それを無視して押しつぶすことは、
子どもの心に大きな傷をつくることになります。

そして、その心の傷跡は、大きくなるまで残り、
時と場合によっては、再びうずきだして、
「ふだんおとなしいあの人が、どうしてあのような残虐な行為をするのでしょうか」
というような、恐ろしい事件を引き起こすことになったりするのです。

「子どもの自我を容認する」ということは、
親が子どもの言いなりになることでも、
子どもをわがまま放題にさせるということでもありません。
子どもに芽生えた自己認知を、親がちゃんと受け入れて、
子どもの自我に訴えて理解させるということなのです。
それには、第３章でも述べましたが、
子どもの目を見て、「〜できるよね」と根気よく、ゆっくり語りかけて、

本人が自発的にやめるような気持ちにさせることです。

1歳半ごろから1年間は、
子どもの性格の基盤ができる、とても大事な時期です。
大切なこの時期、親が意識して子どもの自我を育ててあげてください。
そして、決して子どもを無視したり、否定したり、
親の感情のままに、体罰《たいばつ》を加えたりしないでくださいね。
このことは、どうか、ぜひとも、
お家の皆さんや保育をなさる方々にも、お願いして、守っていただきたいと思います。

「セルフ・コントロール」力の育て方

1歳半前後、お子さんの自我が芽生えてきたときに、
子どもが自発的にやめようと思う気持ちを引き出すようにもっていってあげると、
子どもは、自発的に自分の欲望を抑制する、
「セルフ・コントロール」を覚えます。
このセルフ・コントロールという能力は、

人間の性格をつくるいちばん基礎となるもので、
大事な大事な力です。
小さいうちに、その力を引き出し、育てていくことは、
とても大切なことです。

これまで、
「ダメ！」「いけません」としつけてきた場合、
「〜できるね」「〜やろうね」と言っても、
すぐには言うことを聞いてくれないかもしれません。
でも、根気よく長い目で見て、
ひとつのことを、
4週間も5週間もかけて言いつづけると、
必ず、子どもは、わかってくれます。
親の言うことを理解し、記憶して、
自分でコントロールをしはじめるのです。
とてもまどろっこしいと思われるでしょうが、ここが我慢《がまん》のしどころです。
「ダメ！」という言葉をやたらに使っていると、
将来、本当にその言葉が必要になったときに、無効になってしまいます。

私は「ダメ」という言葉は、できることなら3歳までとっておいて、
そのころから使うと、とても有効になると、いつもお話ししています。

もしどうしても、お母さんが「ダメ！」と言いそうになったときは、
頭のなかで「ダメ！」と言って、頭のなかで子どもを叱ってください。
お子さんには、ダメと言いたいお母さんの表情を見せるだけでいいのです。

それでも子どもがやめないとき――
たとえば、ほかのお子さんをたたいたりして、人に迷惑をかけるようなときには、
「ごめんなさい」と相手のお子さんとお母さんに言って、
お子さんを抱っこして、静かにその場を離れることです。
お子さんが嫌がっても、毅然《きぜん》と抱っこして、場所を移しましょう。
そして、ほかの遊びに興味が出るまで、一緒に遊んであげればいいのです。

ちなみに、ほかのお子さんに手を出したり、噛《か》みつく場合は、
夜の睡眠が浅い場合が多いようです（P91〜参照）。

自我を育《はぐく》むということと、ご機嫌とり

子どものセルフ・コントロール力を引き出してあげてください、
そうお母さん方にお願いすると、

「でも、そういう接し方は、子どものご機嫌をとることにならないでしょうか」

といった質問を受けることがあります。また、

「私が、ただ子どもに振り回されているだけのように感じます」

「主人や義母に、甘やかしていると言われます」

と、悩むお母さんもいらっしゃるようです。

けれども、「〜できるよね」「〜しようね」は、
子どもに、「あなたの自我を認めていますよ」ということを伝える言葉です。
子どもの機嫌をとっているわけではありませんし、
まして、子どものしたい放題にやらせるということでもありません。

これまでのしつけは、どこの国でも、
親が「いけません」と言って、子どもの自我を否定してきました。

とくに日本においてはそうで、
子どもは悲惨な扱いをされてきたわけです。

しかし、1歳半からの約1年間は、子どもの脳がどんどん伸びていく時期です。
その大切な時期に、大人が、あれもダメ、これもダメと、
子どもの自我を抑えつけてしまうと、
脳の何百万という神経細胞が働きにくくなってしまいます。
これでは子どもの個性は育ちませんし、
新しいことを考えたり、つくったりという、
その子が持っているせっかくの才能も伸びてはいきません。
単に子どもを、大人の都合のよい形に仕立てあげるだけです。

いままでの育児でいちばん残念であったのは、
大人が子どもの自我を認めずに、
幼児期にどんどん伸びていく脳の配線の結び目を押さえていたことです。
そうしないですめば、
脳の発達を十分に遂《と》げさせることができるわけですから、
子どもの将来が楽しみになりますね。

一方的にしつけるのではなく、
自分で自分をコントロールできる子どもに育てること――
これがいちばん大事な基礎で、いちばんいいしつけですから、
どうか迷わないでください。

お父さんをはじめ、お家の方にもよくお話しして、
「〜できるよね」「〜しようね」という言葉がけを、
ぜひ実践していただきたいと思います。

ただ、「〜できるよね」と子どもに言うときは、
親が機嫌をとるような雰囲気になってはいけません。
毅然と、しかも愛の心を込めておっしゃってください。

言い方ひとつで

あるとき相談に見えたお母さんは、
1歳8か月になるお子さんが、「かんしゃく持ちで困る」というお話でした。
たとえば、買い物のとき、
子どもが「買い物かごを持ちたい」と言うので持たせてあげる――
その後、お母さんが、店内も狭いことだし、
かごの中身も増えてだんだん重くなってくるので、
そのことを子どもに言い聞かせて、「もう持たなくていいのよ」と言ったりすると、
とたんに子どもがすねたり、
かんしゃくを起こして大の字になって寝転がったりするのだそうです。

1歳8か月といえば、もう自我が芽生えています。
このお子さんは、その自我がとても強いのでしょう。
また、もしかしたら、かんしゃくを起こしやすい資質があったのでしょう。
お子さんによって、
脳の知的発達よりも情緒的活動のほうがいち早く活動を始めることがありますが、

まさにそのような時期だったのでしょう。

自分の思いどおりにならないと、いわゆるかんしゃくを起こしてひっくり返る――
これは、この時期のお子さんにはよくあることで、
お子さんによっては、
泣きすぎて顔色が青くなったり、息が止まったりすることもあります。
ですから、「あまり気になさらないことですよ」と、
まず、お母さんに申しあげました。

かんしゃく持ちのお子さんの場合、
お母さんはわからせようとして、
つい、あれこれ言い聞かせたくなりますが、
ふだんから、あまり言葉で規制をしないほうがいいのです。
このお子さんの例でいえば、
「お店が狭いから」「かごが重くなったから」などと、理屈を言って聞かせるより、
「ありがとう、いままで重かったでしょう。今度はしばらくお母さんが持つわ」
ぐらいでいいと思うのです。

スーパーのかごを持っているときのお子さんは、

おそらく、ぼく（私）はお母さんのお手伝いをしていると、
得意げな気持ちでいたのでしょうね。
ところが、お母さんからは感謝もされないし、
もっと役に立ちたいと思っていたのに、それを中断させられてしまった……。
それで、自分はお母さんから信頼されていないという気持ちになったのでしょう。
ことに、自我が強いお子さんですと、
自分を否定されたときには、とても腹が立つのです。

ですから、他人に迷惑でなかったり、危なくないようなことであれば、
お子さんの行動を無理に規制したり、否定したりせずに、容認してあげてください。
お子さんの自我を、まず、受け止めてあげながら、
「～しようね」「～できるよね」と、お子さんに働きかけましょう。
かんしゃく持ちのお子さんも、お母さんのそういった働きかけで、
いずれは必ずセルフ・コントロールできるようになります。
しばらくは、根気よくそれを続けてください。

そして、お父さんやお母さんが、子どもの自我の芽生えに気づかずに、
いつもいつも自我を抑えつけていると、
大きな声を出されては困るというようなところで、

子どもは必ず大きな声を出したりします。
どんなことをしたら親が困るかということを、子どもはちゃんと見抜いているのです。
本能的に仕返しをしようとするのです。

どうか、心の窓である子どもの目を見て、真剣に信頼感を込めて、
「〜しようね」「〜できるよね」とお話ししてください。
大人のように、1回言ったら記憶するはずなどと思わずに、
根気よくお話ししてください。
時間がかかるかもしれませんが、子どもは必ず了解します。
そして、言われたことを、子どもが自分ですることができたときには、
お母さんはぜひ、「よくぞ、できたね」という気持ちを込めて、
子どもの目を見ていただきたいと思います。

子どもは2、3歳になっても、
夜中に目覚めたときなど、心細いときにいちばん求めるのはお母さんです。
この時期のお子さんが心から信頼しているのは、やはりお母さんです。
そのお母さんが喜んだ顔をしている——
それが子どもにとって、いちばんうれしいことなのです。
親に信頼されることによって、自信も生まれます。

約束を守る2歳児

「2歳児も約束を守る」と言うと、
「まさか」と思われる方も多いと思いますが、
大人が、信頼を込めて、心から、「こうしてほしい」と頼めば、
子どもは大人との約束をしっかりと守ってくれるものなのです。
それはもう、驚くばかりです。

以前に、こんなことがありました。
あるとき、ご飯はあまり食べず、好きな牛乳ばかり飲んで困っているという、
2歳児のお母さんが相談に見えました。
お母さんに連れられてきた坊やの顔を見ると、
顔はひっかいて血だらけのガサガサです。
坊やにはアトピー性の湿疹《しっしん》があったのです。

このお子さんは、牛乳を飲むと湿疹がひどくなる体質でした。
しかし、牛乳好きの坊やは、

お母さんがいくら「いけない」と言っても、一向にやめないそうです。
それどころか、お客さまがいらしてお母さんが応対していたりすると、
そのすきに冷蔵庫を開けて、牛乳を飲んでしまう。
牛乳を飲めば湿疹がかゆくなるし、ご飯も食べられなくなります。
「なんとかしてやめさせたいのですが」とおっしゃるのです。

「どうしたらいいのか」と、私もいろいろ考えました。
そして、自分が医者であることを忘れて、子どもの心に訴えてみようと思いました。
そこで、聴診器をぽいと机の上に投げ捨てて、
坊やの両手を握り、じっと目を見て、
「ねぇ、坊や。牛乳我慢《がまん》できるかな」と言いました。

すると、坊やは、ぷいっと、それこそ真横を向きました。
それで、私はごそごそとひざではい、その子の顔の正面まで行き、
「牛乳をやめられるよね。やめようね」と、心から訴えたわけです。
その子は、お母さんに抱っこされていたのですが、
うなだれてじっと考えるふうでした。
しかし、「うん」とは言いません。

ああ、これは駄目かな、と思いました。
とりあえず薬をあげて、また2週間後に来なさいね、と言って別れました。
そして、2週間後。
受診に来たその子の顔を見て、びっくりしました。
かきむしってガサガサになっている肌が、きれいになっていました。
「よくなりましたね」と、私はすっかりうれしくなりました。
ところが、お母さんは心配そうに、
「先生、うちの子、変なんです」とおっしゃるのです。
「この前、病院から帰った日から、冷蔵庫をいっぺんも開けないのです。
うちの子は、私が言うことより、先生の言うことのほうを聞くんですね」

お母さんの話によりますと、
同じ年ごろのお子さんがいるお隣の家と互いに行き来をして、
3時になると、おやつに牛乳を飲むのがそれまでの習慣だったそうです。
ところが、私と約束をしてからは、
家で牛乳を飲まないばかりか、お隣の家で牛乳をすすめられても手も出さない。
隣のお子さんが家に遊びに来て、牛乳をごちそうしてあげているときも、
うちの子は飲みませんでした、とおっしゃいます。

実は、この話には後日談があります。
それから1年半くらいたって、そのお母さんから、
「先生、そろそろ魔法を解いてください」と頼まれました。
湿疹もすっかりよくなり、少しくらいならもう牛乳を飲んでもかまわないのに、
坊やは「先生がいいと言ったら飲む」と言って、
お母さんがすすめても飲まないのだそうです。
そこで私が、「もうよくなったから、
少しずつ薄い牛乳から飲んでいこうね」
と言いましたら、
その坊やのうれしそうな顔ったら……。
大喜びで帰っていきました。

一般的に、２歳児は「嵐の時期」ともいわれ、
わがままでわからずやの時代だと思われていますが、
親をはじめ大人が、子どもを信頼して語りかければ、
子どもはそれを理解し、記憶して、自制することができるようです。
それこそ、自分の潜在している能力を１００％発揮してくれたのでしょう。

「しつけ」はゆるい「しつけ糸」のように

お母さん方が「しつけ」ということを気にするのは、
多くの場合、礼儀作法を身につけることを指しているからでしょう。
「母親のしつけが悪いから」などと、
まわりから言われることも多いと思います。

「しつけ」というのは、本来は和裁の言葉で、
本縫いをする前に、襟《えり》などを癖《くせ》づけるために、
弱い糸で縫うことです。
このとき使う糸は「しつけ糸」といって、
切れやすい弱い糸を使いますが、
お子さんのしつけも同じです。
着物を縫うときに使うしつけ糸と同じように、
心の柔軟な幼児期に、いい習慣をつけておきましょうということです。

そして、いい習慣をつけることはとても大事なことですが、

いい子にしようと思うあまり、
強い糸で、子どもの個性をきちきちに縫いつけてしまう必要はないのです。
また、「しつけ」を「叱《しか》る」ことだと思っている方もいらっしゃいますが、
「叱る」というのは「声を荒げて、相手の欠点をとがめる」ことです。
「しつけ」は、大声を出してなさる必要はありません。
「しつけ」はそれこそゆるい「しつけ糸」のように、
優しく、ゆるやかに、根気強く……。
ぜひお願いします。

親子の信頼感を育てるチャンス

「子どもだまし」という言葉がありますが、私は、この言葉が嫌いです。
早く日本の辞書から消えてほしいと思っています。
そんなふうに大人が子どもをだますから、
子どももまた、人をだますことを覚える、と考えるのです。

子どもをだますといえば、
たとえば、昔は断乳するときに、
お医者さんから苦い薬をもらって、おっぱいに塗っておきました。
おっぱいを吸ってみて苦ければ、
子どもは、懲《こ》りて、お乳を飲むのをやめるだろうというわけです。
しかし、はじめにおっぱいに吸いついたときは、たしかに苦いけれども、
吸えばどんどん苦くないお乳が出てきます。
なんのことはありません。
子どもは、ニヤッと笑って飲みつづけて、親のだましにはのってくれないのです。

自我が芽生えはじめたこの時期に、断乳をしようとするなら、
お子さんが、お母さんのひざにのり、お乳を欲しがったまさにそのときに、
何回でも何日でも、根気よく、信頼の気持ちを込めて、子どもの目を見つめて、
「おっぱい、やめられるね」と訴えることです。
多くの場合は、その晩から飲まなくなります。
子どもをだます必要など、少しもありません。
子どもを叱って、脅《おど》してしつけることも同じです。
子どもが自分で「あ、これはいけないのだ」と判断してやめるのと、

暗い場所へ押し込められるのが恐いから、とか、
「お父さんに言いつけますよ」と脅されたからやめるというのとでは、
そこには大きな違いがあります。
このような方法でやめさせていれば、
せっかく芽生えた子どもの自我は、
壊《こわ》れてしまうか、ひねくれてしまいます。
そして、反抗心だけが残り、
それが非常に強くなると、やがて、
攻撃心や復讐心《ふくしゅうしん》へと変わっていくでしょう。

また、よく、
「お店の人が怒っているからやめなさい」とか、
「むこうのおばちゃんが怖い顔しているからやめなさい」と言って、
第三者を悪者にして、
やめさせようとするお母さんがいますが、
これなどは、もってのほかです。
子どもは、
「それなら、ほかの人が見ていないならやってもいい」と理解し、
それこそ裏表のある人間に育ってしまいます。

「ダメ」「いけません」

「ダメ」「いけません」の意味がわかってくるのは、だいたい3歳くらいからです。
そのときになったら、「ダメ」という言葉が大変有効です。
この時期のお子さんは、
「どうしてダメなのか」、簡単な原因と結果がよくわかってきます。
そのときまで、「ダメ」「いけません」はとっておきましょう。

しかしこれには、むやみに叱らないというのが前提です。
10回叱るところを、1回、2回と、たまに叱るから効果的なのです。

また、1、2歳のころから、しょっちゅう親に「ダメ」と言われている場合も、
お子さんは、この言葉に慣れてしまって、効果がないことが多いものです。
親から何回も言われていることですから、
子どもは、「また例の『ダメ』か」と耳にタコができてしまい、反応しません。
親の言うことをちっとも聞かないばかりか、
わざと悪いことをやってみたり、しつこく繰り返すことにもなります。

そうなると、お母さんもついカッとなります。
自分のかんしゃくを抑えようと、
子どものほおをぶってしまうこともあるかもしれません。
そんなときの親の顔は、本当に怖い形相《ぎょうそう》に違いありません。
それを見た子どもはおびえてしまうでしょう。

これは大変によくないことです。
子どもは、親に対する反抗心、恐怖心、不信感を強めていき、
叱られたことを改めるどころか、
次からは、母親のいないところで、よくないことをするようになります。
そして、その子が親になったとき、自分もそうされて育ったのだからと、
我が子にまた同じことを繰り返していくという、
恐ろしい悪循環が生まれることもあります。

ときには、お母さんも、
どうにも腹が立って仕方がないということもあるかもしれません。
そんなときには、
お母さんの気持ちがおさまるまで、子どもから離れてみてください。

ひと呼吸おいて、振り返ってみると、
お母さんの気持ちも落ち着いてくるはずです。

私は原則的に体罰《たいばつ》は認めていませんが、
「でも、どうしても子どもをたたいてしまいそうになる……」
そんなお母さんには、ヒントを差し上げます。

お母さん、どんなに腹が立っていても、
決して、いきなりお子さんの手や顔をたたいてはいけません。
子どもを後ろ向きにさせて、パンツを脱がせてから、
お尻をたたくようにしてほしいと思います。
そういう手間を経て、少しでも時間が立つと、
お母さんのかんしゃくも少しは落ち着いてきます。
それに、お子さんにお母さんの怖い顔を見せずにすみます。

子どもは、かわいいだけのおもちゃではありません。
親は、ときに忍耐や我慢を強いられます。
子どもの成長を願うのであれば、
お母さん自身も人間として成長していかなければいけません。

子どもの「嫌な性格」は親がつくる

育児相談に見えるお母さんのなかには、
時に、「子どもとの相性が悪くて……」というお母さんもいます。
そんなとき、決まってお母さんは、
「生まれついての性格は直せませんよね」とため息をつかれます。
けれども、顔の形や骨格などはＤＮＡで決まるでしょうが、
性格は、その子を取り巻く人間環境がいちばん影響すると、私は考えています。

その証拠にこんな話があります。
あるとき一卵性双生児《そうせいじ》の男の子をお持ちのお母さんから、
「下の子はいい子でかわいいのですが、
上の子は落ち着きがなくて駄目な子だから、好きになれないのです」
と相談を受けました。
お母さんがそうおっしゃるまでもなく、
上のお子さんは、部屋に入ってくるなり、椅子《いす》にも腰掛けずウロウロしている。
窓のほうへ行って座ったり、あちこち触ったり、全然落ち着きがないのです。

いわゆる多動的な状態で、
それでお母さんは、「この子は落ち着きがない」と決めつけているのです。

そのとき、私はお母さんに、
「お母さんに、お嫌いな子どもを好きになれと言うのは無理だから、
せめて嫌いなお子さんのほうに、先に笑顔を見せてあげてください」
とお願いしました。
そうしましたら、半年後にまたいらっしゃったときには、
上のお子さんはとてもいい子に成長していて、
お母さんも「ふたりとも本当にいい子です」と、おっしゃっていました。

親の気持ちが態度に出て、
子どもを不安にさせ、悪循環になっていたのでしょう。
「嫌だな」と思える子どもの性格は、
実は、親自身がつくってしまうことも、決して少なくないと思います。
親の態度で、子どもを不安にさせたり、いじけさせたりしてはいけません。
どうぞ、愛情あふれるまなざしを、お子さんに注いであげてください。
子どもは、その愛情をしっかりと受け止めて、
ほかの人や動物たちにも愛情を注げる人間に育っていきます。

本格的な友達遊びは、3歳を過ぎてから

「うちの子は、上手に友達遊びができないんです」
と、悩むお母さんも多いのですが、
この時期はそれで大丈夫、
3歳までは、まだ心配しなくてもいいのです。

3歳児までの遊びというものは、まったく並行的なものです。
友達に関心はあっても、
相手とコミュニケーションをとって、
仲良く遊ぶということは、まだできません。
砂場で一緒にいても、実は遊んでいるのはひとりずつ——
そして、相手のおもちゃが欲しくなると、
すぐに取り上げたりします。
こんなとき、お母さんは、「うちの子は性格が悪いのかしら」
と悩んだりしますが、でもこのころは、
まだ相手のものと自分のものを区別できない時期ですから、

仕方がないのです。

そんなときは、お母さんが、相手のお子さんに「ごめんね」とあやまって、
そのおもちゃを返してあげればいいのです。
おもちゃを返すのを嫌がって泣いたら、
子どもを抱っこして、ほかの場所に連れていき、
少しの間、お母さんが相手をして遊んでください。
そうすると、さっきおもちゃを取り上げられたことは、
すっかり忘れてしまうでしょう。
「貸して」「どうぞ」を教え込む必要は、まだありません。

本当に友達が必要になってくるのは、3歳ごろからです。
昔から、3歳になると、お稽古事《けいこごと》に通わせたりしましたが、
それは、友達が必要になるこの時期に、
少しずつ、集団生活に慣れさせていくためのものでした。
そして、友達遊びを通して、子どもはいろいろなことを学び、
知的細胞もどんどん働かせていきます。
けれども、3歳未満のお子さんは、程度の差こそあれ、
知的細胞よりも、まだまだ本能的・情緒的な細胞が働いている時期です。

もちろん、この時期の子どものなかには、
友達となんとなくふれあって、
子どもならではのコミュニケーションを図っている場合もあります。
それはそれでほほえましいものですが、
子どもが友達のなかに入っていくのを嫌がっている場合は、
無理に遊ばせる必要はありません。
友達遊びができるようになるまでは、
お母さんが、抱っこというスキンシップを通して、
お子さんとの信頼関係をたっぷりと築いてください。
やがて、お母さんよりも友達と遊ぶほうが楽しいという時期が来ます。
そのときに寂しくないように、
いまのうちに、思う存分、お子さんと遊んでください。

年齢に応じた親子の関わりを

子どもが自立していくためには、
それぞれの発達に応じた、親子の関わり方が大事になります。

歩きはじめるころまでは、赤ちゃんをしっかり包んであげてください。
歩きはじめると、
「お母さんにはそばにいてほしい。でも、時には離れて見守ってほしい」
という気持ちが生まれます。
お母さんの視野の中でなら、子どもは安心して歩きだせるものです。
その気持ちをくみ取って、お母さんは見守り、適切に助け、
ひとりで頑張りたいときには頑張らせて、
お子さんを一人前として認めてあげていただきたいのです。

そして、1歳半ごろからは、自我が芽生えます。
さまざまな経験から、人との関わり方を学び、好奇心を広げていくときです。
心身ともに伸びゆくこの時期は、

親が子どもの自我をきちんと認めてあげてください。

そうすると、子どもは自分に自信を持てるようになります。

このように、子どもは、お母さんの深い愛情に支えられながら、自立のための準備を進めていきます。

3歳以降、スムーズに母子分離ができるようにするためにも、それまでに十分に愛し、認め、受け入れてあげてください。

お母さんとの深い信頼関係があればこそ、ほかの人とも安心して信頼関係を結んでいくことができますし、思いやりの心も育ちます。

「NO！」と言える勇気

友達からおもちゃを取られても、ぶたれても、「いや！」と言えない子どもがいます。

お母さんから見れば、「なんてふがいない」ということになるでしょうが、「どうしてあなたはいつもやられっぱなしなの！」

と子どもを責めるのは、酷《こく》というものです。


子どもだって、本当は「NO!」と言いたいのです。

でも「NO!」と言えないから、黙って引き下がって泣くのです。

その悔しさを、お母さんは察してあげてください。

「いやと言えなかったのね」

と、まず子どもの気持ちに共感して、子どもの自我を認めてあげる。そのうえで、

「でも、いやなことをされたら、今度は『いや』と言ってみようね」

と、励ましてあげてください。

そして、おもちゃを取った子どもには、
「こういうことはやめようね」と優しく諭《さと》して、
「みんなで一緒に遊ぼうか」と、ほかの遊びに誘導してあげるといいですね。
ほかの子どもに注意するのは、少し勇気のいることですが、
自分の子どもだけがあなたの子どもではありません。
どの子も、大切な、みんなの子どもです。

子どもに、もともと「悪い子」はいません。

乱暴した子どもは、たとえば、下にきょうだいができて、

イライラしているだけなのかもしれません。
「うちの子はいじめられた」などと、
あまり目くじらをたてないことも必要です。
そもそも子どもは、おもちゃを取った取られたというなかで、
社会性を身につけていくのですから。

人としての自信と勇気を持たせたい

「うちの子、弱虫で困ります」
と嘆くお母さんは、とくに男の子の親に多いようです。
「花火などの大きな音におびえる」「虫を怖がる」など、
なんとかなりませんかと、相談に見えます。
こんなとき、お母さんのほうが、大きな音にびっくりして
声をあげたり、虫を怖がったりする場合が多いのです。
お母さんがミミズを見て「キャー」と叫んで怖がれば、
子どももミミズ嫌いになります。

要するに、子どもの前で、お父さんなりお母さんなりが、
ある事柄におびえたり、大騒ぎをしたりすると、
そのときの記憶が残り、子どもも同じことにおびえるようになります。
とはいえ、親にとっても、怖いものは怖い……。
それを怖がるなとは言えませんが、
子どもの前で、ことさらに騒ぎ立てないほうがいいでしょう。

さて、「大きな音におびえる」「虫を怖がる」などは、
成長するにつれて解消していくこともあります。
けれども、人間の持つ真の勇気というものに関しては、
「三つ子の魂《たましい》百まで」の言葉どおり、
幼児期に養われないと、
大人になってからではなかなか持ちにくいものだと思います。
そして、往々にして、
何事においても、親に甘やかされて育った子どもは、
この真の勇気というものはなかなか育たないようです。
親が子どもに密着していて、子どもの自立を妨げてしまうと、
子どもは、いつまでたっても自分に自信を持てません。

そして、自信のない子どもは、何かに立ち向かう勇気も育ちません。
たとえば、いじめっこに「ＮＯ！」と言う勇気。
それから、自分に非があったときに、それを潔く認める勇気――
蛮勇《ばんゆう》も困りますが、卑怯《ひきょう》であることはもっと見苦しいものです。

１歳半ごろになれば自我も芽生え、
お母さんべったりの世界から、少しずつ外へ向かって足を踏み出していこうとします。
「なんでも自分でやってみたい。
お母さんには、離れて見守っていてほしい。そして、困ったときには助けてほしい」
そう思っています。
そんな気持ちを理解してあげてください。

いままでできなかったことがひとりでできたとき、
子どもは大きな満足感と達成感を持って、
次のさらなる一歩を踏み出すことができます。
その小さな積み重ねが、自分に対する自信へとつながっていきます。
そして、自分に自信を持つ者は、決して卑怯者にはなりません。
自信と勇気に満ちて、子どもたちには力強く21世紀を歩んでほしい――
心からそう願います。

ほかの子との比較が子どもを傷つける

このころ、お母さんが気になさるのは、言葉が早い遅いという問題です。
1歳半で大人との会話が成立する子ども、
3歳になってもまだまだ二語文ぐらいしか話せない子ども――
一般的に男の子のほうが若干遅いようですが、それでも発達の仕方はさまざまです。

機能的な問題が何もなければ、
いまはしゃべれなくても、少しずつ言葉も覚え、
そのうち、うるさいくらいにしゃべるようになります。
ましてや、ほかの子どもができるからといって、
あれこれ言葉を教え込むのは感心しません。
そのことが子どものプレッシャーになり、のびのび育たないおそれがあります。
また、お母さんが教えなくても、お母さんや同じ年齢の子がすることを見て、
それを真似《まね》しながら、子どもは自然に覚えていくものです。

それに、言葉の遅い子どもは、

じっくりと頭の中で考えているので、なかなか思慮《しりょ》深い人になるという説があります。

とにかく、お母さんが「どうしたのかしら」などと心配せず、どっしり構え、子どもの言い分を存分に聞いてあげるという姿勢が必要です。

そうすると、時機が来れば、子どもは安心して話しだすでしょう。


なにより大切なのは、ほかの子どもと比較しないことです。

言葉以外にも、

「おたくのお子さんは、おりこうさんねえ。それに比べてうちの子は、聞き分けがなくて、わがままばっかり」

「やっぱり女の子のほうが手がかからなくていいわよねえ。うちは男の子だし、大変。乱暴だし、毎日うるさくて……」

こうしたお母さん同士の会話は、珍しくありません。

自分の子を謙遜《けんそん》して言ったつもりなのでしょうが、それを聞いたお子さんは、どんな心境でしょう。

まだ言葉がしゃべれないから、大人が何を言っているのか、理解できないと、お母さんは思っていらっしゃるかもしれませんが、お子さんは、自分が話題になっていることをちゃんとわかっています。

お子さんは、親が思っている以上に、物事に敏感に反応します。

とくに、世界でいちばん信頼し、愛し、
自分を無条件に受け入れてくれると信じているお母さんの、
軽はずみな言葉は、お子さんを深く傷つけます。
自分は駄目な人間なんだと、自信をなくして引っ込み思案《じあん》になったり、
自分を否定的にとらえて、他人の中でも気後《きおく》れを覚えがちになるでしょう。

よその子と比較する前に、
お母さんは、お子さんの気持ちになって考えていただきたいのです。
たとえば、お母さん自身のことを、ご主人がほかの奥さんと比べて、
劣っている点や文句などを言ったとしたら、どんな気持ちでしょう。
決して冷静ではいられないでしょう。
ご主人が信じられない、という気持ちになるに違いありません。

どんなお子さんにも、それぞれ個性があって、
すべての子が同じように発達し、考え、行動するものではありません。
同じような型にはまった人間がいくらできても、健全な社会とはいえません。
個性の違う人たちが集まってこそ、社会の発展が望めるものです。
むしろ、わが子が他人と違うことを喜ぶとともに、
その子のいいところを見つけてあげてください。

トイレット・トレーニングとしつけ

トイレット・トレーニングは、
お子さんがそれまでの人生で出会う、はじめての試練といえます。

それまではおむつの中に自由におしっこやうんちをしてよかったものが、
いきなり慣れ親しんだおむつをはずされ、
トイレに連れていかれたり、おまるに座らされて、
「チーチーは？」
などとお母さんから催促《さいそく》されるわけです。
おしっこが出ないと、
大好きなお母さんにがっかりされたり、
我慢《がまん》できずに床におもらしをすると、
怖い顔でにらまれたりもします。

こうした試練は、人間なら誰にでも例外なく訪れ、
早い遅いの違いはあるものの、

誰もが克服してきました。
ただ残念なことに、お母さんは、
自分の経験したこの試練について、記憶していません。
大人になったいまでは、
おしっこがしたくなったらトイレに行くことがごく当たり前にできますから、
お子さんが、いま立ち向かおうとしている試練が、
どんなに大変なことであるかを、あまり理解できません。

トイレやおまるに座らせれば、すぐにおしっこが出ると考えるのは、
お子さんにとっては、はなはだ迷惑なことです。

「どうしてうまくいかないの？」

「おしりが濡《ぬ》れて気持ちわるくないの？」

などと、お母さんがかっかとなるのは禁物です。

おしっこが出そうという感じがわかって、ある程度は我慢できるという、
膀胱《ぼうこう》コントロールができるのは、1歳半くらいからです。
それ以前にトイレで成功した、おしっこを教えたというのは、
「条件反射」といわれるものです。
これは、お母さんが、おしっこが出そうだなというときを見計らって、

おむつをはずして、トイレなどに連れていった結果、うまくいったわけです。

たまたまタイミングがよかったのでしょう。

たぶん、お子さんはおむつをはずしてもらって、
とても気持ちがよかったのだと思います。
さらに大好きなお母さんに抱っこしてもらっているのですから、
気持ちいいこと、この上もないでしょう。
そんなとき、反射的におしっこが出てしまう——
そうすると、お母さんは、とても満足して、
「ああ、よかった」と思うわけです。
お子さんは、抱っこされながら、お母さんのそうしたうれしい気持ちを感じとり、
さらに快感が増すわけです。
これはお子さんにとっては二重の喜びです。
そうしたことがたび重なるうちに、
抱っこをするとおしっこが出る、というようなことになってくるわけです。

実は、排泄《はいせつ》のしつけは、生まれた直後から始まっているのです。

お母さんがおむつを替えるたびに、

「チッチ出たね」

「気持ちよかったね」

「チーと教えようね」

といった言葉かけが、清潔のしつけの基本にあり、本番のトイレット・トレーニングで、十分にその効果が発揮できるわけです。

トイレット・トレーニングは急がずに

「トイレット・トレーニングのコツを教えてください」

と、お母さん方からよく言われます。

その方法はいろいろあるでしょうが、私がいちばん申し上げたいことは、「とにかくあせらず進めてください」ということです。


お母さんがトイレット・トレーニングを急いで、毎日毎日パンツを濡らさないようにと、いつも気持ちを張り詰めていると、お子さんが膀胱ノイローゼ気味になる場合が多いからです。

お母さんが「ゆっくりやりましょう」と考えて、無理をしなければ、そのうち自分で便器に座ってやるようになります。

たとえば、ご相談に見えた１歳10か月のお子さんの場合は、
「外出先でのトイレの回数が多くて、５分おきに教えます」
とのことでした。
そのお母さんは「病気ではないでしょうか」と心配なさっていましたが、
おしっこを検査しても、おそらく何も異常は出ないでしょう。
このお子さんの場合は、やはり膀胱ノイローゼ気味――
頻尿症《ひんにょうしょう》になっていると考えられました。

こういう場合は、お母さんが、
トイレット・トレーニングをあまり意識しないようにして、
お子さんと接していただければ、
膀胱ノイローゼも、しばらくするうちに治っていきます。
ですから、そのお母さんには、
「まずお母さんが、おしっこのことやパンツが濡れることを、
気にしないことが大事ですよ」と申しあげておきました。

おしっこを教える時期には個人差があります。
お母さんは、まずこのことを理解してくださいね。
そして、たとえ友達が「できた」と言っても、決してあせらないことです。

遅い子だと、2歳半、3歳を過ぎても、
うまくトレーニングができないことは、決してまれではありません。
どうか、叱らずあせらず、ゆったりとした気持ちで進めてください。
また、あるお母さんは、
「おしっこは、お風呂《ふろ》でさせてから、徐々にトレーニングをしよう」
と、お考えになっていたようですが、そんなふうに考える必要もありません。
お風呂に入ると排尿をする、という条件反射があらわれても困ります。

早くおむつがとれたからといって、頭がよいということでもありません。
むしろ、排泄に関しての脳の働きが十分でないうちのトレーニングは、
お子さんにとって負担になりますし、
お母さんご自身も、うまくできないことにイライラしたり、ストレスを感じたりして、
疲れの原因になります。

どちらかというと、暖かい季節のほうが、
たとえパンツが濡れても、風邪を引くことなく、
お母さんにとってもストレスにならずに、
スムーズにトレーニングが始められるようですが、
時機が来たらゆっくり始める、そんなふうに考え、のんびり構えていてください。

夫婦円満が最高のしつけ

「思いやりのある子に育てたい」
親なら誰しもが願うことですが、
人に対する思いやりや優しさは、子どもに理屈で教えられるものではありません。
お父さんとお母さんが、
互いにいたわりあい、相手を思いやる気持ちを持つ――
そんな両親の姿を見ながら、子どもはごく自然に、
思いやりの心や、優しさを身につけて、素直にすくすくと育っていくものです。

お子さんをはじめ、ほかの人には優しく穏やかでも、
なぜかご主人には冷たく当たるお母さんがいますが、
これでは子どもに、人への優しさ、思いやりは育ちませんよ。

和やかで温かい家庭の雰囲気をつくるのは、
お父さんよりも、やはりお母さんのほうが上手です。
たとえば、「行ってきます」と機嫌よく会社に行ったお父さんが、

帰宅したときには、ひどく不機嫌になっていることがあります。
おそらく会社で、上司から無理な仕事を押しつけられたとか、得意先から嫌味を言われたとか、部下から反抗されたなど、何かいやなことがあったのでしょう。

こんなときのお父さんは、朝は活発に働いていた知的脳細胞――感情を抑えようとする脳細胞も、すっかりエネルギー切れとなり、あたかも2歳児のように自己中心的になっています。
ですから、お母さんが「遅いじゃない」などと小言で出迎えようものなら、たちまち感情的になって「うるさい！」と応酬《おうしゅう》してきます。

お母さんがイライラしているときでも、お父さんの帰宅時は、気持ちのスイッチをパチリと切り替えて、「おかえりなさい。お疲れ様」と、温かく出迎えてあげてください。

そして、そのときもし、お父さんが不機嫌そうな顔をしていたら、「ははぁ、いま2歳児と同じ気持ちになっているな」と察して、お母さんのほうが知的脳細胞をフルに働かせてみる――同じ土俵で闘わないようにするのです。

小言を言いそうになったときも、２歳児のしつけのことを思い出して、
命令口調にならないように話すのが、知恵ある妻です。

「そんなものわかりのいい妻になんてなれないわ」などと、おっしゃらないで。
「柔よく剛を制する」ということわざがあります。
女性のこんなちょっとした知恵が、
それこそ、男性のひとつ上を行くことになると思います。
どうか「知恵ある妻」に、
そして子どもに対しては「知恵ある母」になってくださいますように。

お仕事をお持ちのお母さんへ

近ごろは共働きの家庭が少なくありませんが、
仕事を持っているお母さんは、皆さん少なからず、
「子どものそばにいてあげられない」
という負い目を感じていらっしゃるようですね。

でも、こんなふうにお母さんが負い目を感じると、
お子さんに不安を与えることになります。
お子さんがストレスを感じ、不安定になれば、
眠りが不十分になり、成長もままならなくなります。
ですから、お母さんは仕事を続けようと決意したら、決して迷わないことです。
自分にとってこの仕事は大事なのだ、と自信を持ってください。
そして、子どもをベビーシッターや保育園に預けることで、
子どもにも独立心が育つのだ、くらいにおおらかに考えて、心を休めてください。

ただひとつだけ、

仕事を持つお母さんに、お願いしたいことがあります。
それは、仕事が終わって、保育士さんなどからお子さんを受け取る瞬間には、
お母さんがどんなに疲れていても、
笑顔だけは絶対に忘れないでいただきたいのです。

お子さんは、仕事から帰ってきたお母さんの姿を見て、
ほっとして、「お母さん！」と駆け寄ってきます。
そんなときにお母さんが、
疲れた不機嫌な顔でいては、子どもはとてもがっかりするのです。

いつでも笑顔にしていなさい、
とは申しません。
でも、どうか、
最初にお子さんと顔を合わせたときは、
笑顔で、優しい目で、お子さんの目を、
15秒だけ見つめてください。
お子さんがにっこりするようにしてあげてください。

お母さんの笑顔から温かい心を受け取ってあげれば、

子どもの心はそれだけで、十分満足します。
お母さんが、このことさえ続けることができれば大丈夫。
自信を持って仕事を続けてください。

左利《き》きと右脳

いまは昔ほど左利きの問題がうるさく言われなくなりましたが、それでも、「うちの子、左利きみたいなんです」と、相談に見えるお母さんが少なからずいらっしゃいます。

1歳過ぎごろから、フォークやクレヨンなどを左手で持つので、右手に持ち替えさせると、すぐに左手に持ち替えてしまう——

こんなことがあると、お母さんはとたんに心配になるようですが、しばらくすると左利きが直ることも多いものです。

それは、一時的に右脳が優位に働いていたため、左手を使っていたのでしょう。

仮に、お子さんが2歳過ぎても左利きのままであれば、本当の「左利きさん」かもしれません。

映画などをご覧になればわかるように、外国人は左利きのままでも平気です。
また、運動選手にも左利きの人は多いようです。
日本人が非常に利き腕にこだわるのは、
武士の時代の名残《なごり》だといわれています。
武士は刀を左に差していましたから、
どちらの腕が利き腕であったかは、武士にとっては大きな問題だったのでしょう。
現代は右利きにこだわる必要はないことを知っておいてください。

それでも、お母さんがどうしても気になるというなら、
お箸《はし》やフォークくらいは右手も使えるようにしておく、
という程度でよろしいのではないでしょうか。
そしてそのときは、お母さんが、
急に利き腕を矯正《きょうせい》しようとしないことが大切です。
怖い顔で「左手を使ってはダメ！」とおっしゃらないこと。
2歳児は自我が芽生えて、
命令や禁止の言葉に対して、反抗心が湧きやすくなっていますから、
叱ってしつけをしようとしてはいけません。
あくまでもお母さんは笑顔で、
「こうしようね」と、ときどき右手に持ち替えさせてあげればよいのです。

しかし、本当の「左利きさん」の場合、
親がいくら右利きになるように仕向けても、
細かい手作業をするときには、必ず左手を使ってしまうものです。
それはそれでけっこうだと思います。
左手でも上手な字を書きますし、細工物もうまくできますからね。

そして、本当の「左利きさん」であったとしても、
それが、お子さんの発育や発達に影響を及ぼすわけではありませんし、
まして、左利きか右利きかで、
人間の価値が左右されるものでもありません。
一般的に、左利きは、右脳の働きに優れ、
理系的能力や芸術・運動的能力に秀でているともいわれています。
その子の個性のひとつと認め、
それを伸ばすようにすすめてあげてください。

下にきょうだいができた！

とても喜ばしいことですが、このときこそ、

上のお子さんへの接し方に注意を払う必要があります。

ジェラシーをそのままにしておくと、いつの日か、

攻撃心や復讐心《ふくしゅうしん》など、心のゆがみとなって出てきます。

どうか、切ないお子さんの気持ちを受け入れてあげてください。

第5章

もうひとつの芽生え

◆下の子ができるころ◆

きょうだいは何歳離れていると理想的？

「ふたりめの子どもを出産するタイミングは、いつごろがよいでしょうか」
という質問をいただくことがあります。

基本的には、上の子がいくつのときに、きょうだいができてもよいのですが、
上の子の扱いに、ちょっと注意が必要な時期があります。
それは、自我が芽生えはじめる、2歳前後の場合です。
ちょうど、下の子との年齢が1歳半から2歳前後離れているようなケースです。

この時期は、ちょうど大切な自我が芽生えてくるときです。
自意識が強くなって、お母さんから干渉されるのを嫌うようになります。
ご飯を食べさせてもらうのもいや、洋服を着替えさせてもらうのもいや、
なんでも「いやいや」の形になってあらわれます。
けれども、まだひとりでは何もできません。
精神的にも、お母さんから独立していませんから、
つねにお母さんと接点を持ちながら、

お母さんのまわりをぐるぐる回っているのが、実際の状態です。

そんなときに、お母さんとの接触を妨げるものが出てくる――
それが、お母さんの妊娠であり、弟や妹の誕生です。
そのため、下の子をいじめたり、俗に言う「赤ちゃん返り」をして、
なんとかお母さんの目を自分に向けさせようとします。

お母さんは、
そんな上の子の気持ちをしっかりと受け止めてあげなくてはなりません。
2歳児は、性格の基礎をつくる大切な時期です。
このとき、子どもを無視したり、いじけさせたりすれば、
それが大きな傷となって、のちのちまで残ります。
ですから、第二子の出産時、上のお子さんが2歳前後の場合、
お母さんはちょっと大変かもしれません。
忍耐強く、お子さんに接していかなくてはなりません。

このようなことを考えると、
もしご夫婦で、ふたりめは計画的に出産しようとお考えになっているのであれば、
できることなら、上のお子さんが3歳くらいのときに、きょうだいができたほうが、

お母さんの気持ちとしても楽かもしれませんね。

ただ、できてしまったことを後悔するのは、いちばんよくないことです。
そして、それがお母さんのストレスになっては、
元も子もありません。

きょうだいの年齢が近ければ、一緒に育つので、
お母さんの手間が少なくてすみますし、
上の子を優先させて、上手に育て上げれば、
とても仲のいいきょうだいになります。

また、お母さんが妊娠すると、
いちばん先に反応を示すのが、
上のお子さんです。
ときには、
お母さんがまだ妊娠に気づいていないときから、
お子さんの様子がおかしくなることがあります。

たとえば、おねしょが再び始まったり、
言葉がスムーズに出なくなったり、

夜泣きをするなどの神経的な症状があらわれます。
お母さんが心配して、お子さんを病院に連れてこられるわけですが、
あとで聞くと、
「私は気づきませんでしたが、
あのときすでに下の子を妊娠していたんです」
というようなことがよくあります。

どうして、子どもにこのような症状があらわれるのでしょうか。
それは、たぶんに、お母さんの影響が大きいのです。
というのも、妊娠中の女性は、
ホルモンの関係で、イライラしたり、落ち込むことも多くなりますから、
つい、子どもに「うるさいわね」と当たる場面も多くなります。
すると、子どもにもその気持ちが伝わって、精神的に不安定になります。
それが、おねしょや食欲不振などの形となってあらわれてしまうのです。

こんなときは、お母さんはまず、自分自身のストレス解消を心がけてください。
上のお子さんと公園に散歩に行ったり、好きな音楽を聴いたり……。
お母さんが気分転換をすることで、
おなかの赤ちゃんも、上の子の心も、互いに安定していくことでしょう。

上の子を優先させて

下のお子さんができたとき、お母さんを悩ませるのは、
上の子が赤ちゃん返りをしないか、
ジェラシーを感じて下の子をいじめないか、ということでしょう。
でも、上のお子さんからみれば、
突然あらわれた妹や弟に対して、
ジェラシーを覚えたり、親の目を引こうと「赤ちゃん返り」をするのは、
ごく当たり前のことで、いわば正常な心の発達であるといえます。

しかし、それを軽減する方法があります。
それは、ご両親が、上のお子さんの寂しい気持ちをことあるごとに受け止めて、
「あなたのことも変わらずに愛していますよ」ということを、
態度で示してあげることです。

多くのお母さんは、妊娠中から、
「今度おうちにかわいい赤ちゃんが来るから、かわいがってあげようね」

と、上のお子さんに言い聞かせておくようですね。
すると、上の子は、「うん」と、わかったように言いますから、
お母さんもほっとして、
「赤ちゃんと一緒に退院してきたら、上の子に寂しい思いをさせないようにしよう」
と、自分に言い聞かせることでしょう。
さて、いよいよ退院の日。
お母さんと赤ちゃんが家に帰ると、上のお子さんがトコトコと寄ってきます。
そして、赤ちゃんを珍しそうに見て、赤ちゃんの頭をなでようとするでしょう。
その光景を見て、「上の子が赤ちゃんをかわいがってくれる」と、
お母さんは大変喜んでしまいます。

ところが、上のお子さんの本心は別なところにあります。
赤ちゃんが珍しいから寄ってきたという気持ちもありますが、
本当は、母親に対して、これまでどおり、
「赤ちゃんより先に自分を認めてほしい」
という願望の心を伝えに来ているのです。
言い換えれば、ママは自分と赤ちゃんと、
どちらをより大切にしているかをテストしにきているのです。

そして、残念ながら、多くのお母さんがそのテストに落第しておられる。
赤ちゃんを抱っこしているときにかぎって、
上のお子さんも抱っこをせがむものですから、
たいていは上のお子さんの目も見ずに、
「あなたはお兄ちゃん（お姉ちゃん）なんだから待っててね」
と、おっしゃったりする。

すると、上のお子さんは、
お母さんが、自分のほうに目を向けてくれないことに気づき、
自分は、忘れられた存在なのではと、不安が湧いてくるのですね。
それと同時に、お母さんに対する不信感も生まれ、
それまで素直だった子どもが急にすねたり、いじけたりするようになることでしょう。
ジェラシーの気持ちがストレスとなって、
おねしょなどの精神的な症状となってあらわれることもあります。
また、その気持ちは大きくなってからも続き、
きょうだいの関係が悪くなったりします。

では、そのテストに合格するには、どうしたらいいでしょうか。
それは、さほどむずかしいことではありません。

上のお子さんが来たら、抱っこしていた赤ちゃんを降ろして、
少しの間だけ、笑顔で上のお子さんを抱っこしてあげていただきたいのです。
抱っこは、1分以内でいいのです。
それだけで、お子さんはとても心が満たされます。
そして「赤ちゃんのお世話をさせてね」と、
お子さんの目を見て話しかけ、ひざから降ろしてください。
「世話をするから降りなさい」と命令形で言うのではなく、
「赤ちゃんのお世話をさせてね」と、
本人の自我に訴えるのです。

このとき、下の赤ちゃんが泣いたとしても、
ほんの1分ぐらいのものです。
我慢《がまん》してもらいましょう。
上の子が来たときが、もしも授乳の最中や、
おむつを替えているときだったら、
お子さんに笑顔を向けて、
子どもの目を見るだけでもいいのです。
「あなたも本当にかわいいのよ」という愛情を込めて。
そうすると、それだけでお子さんは満足するはずです。

要するに、赤ちゃんのお世話をしているときに、上のお子さんが来たら、
母親の愛情を確かめに来たと思えばいいのです。
ですから、赤ちゃんのお世話がすんだら、再び上の子を抱っこしてあげてください。
そして、「また抱っこしてあげるから、ひとりで遊んでいてね」と言えば、
お子さんは安心してひとり遊びを始めるでしょう。
上のお子さんは、赤ちゃんの世話をしている最中に、たびたびやって来るでしょうが、
めんどうがらずに、1日何回でも何十回でも、
同じことを繰り返してください。

時に、赤ちゃんのお世話を先にしてから、
上の子を抱っこしようとすると、すねて嫌がることがあるかもしれません。
けれども、それは子どもの本心ではありません。
「いや」と言いながら抱っこしてほしいという、
とても切ない気持ちでいるのですから。

こんなふうに、しばらくはまず、
赤ちゃんよりも上の子を優先させてください。
退院してから、ほんの数か月でよいのです。
4週間くらいたったころから、お母さんが何も言わなくても、

上のお子さんは、
「赤ちゃんより、ぼく（私）のほうを先にかわいがってくれる」
ということがわかって、
もうお母さんの気持ちを試すようなことはしなくなるでしょう。

お母さんに愛されているという強い自信が持てれば、
嫉妬《しっと》から下の子をいじめるということもなくなるでしょう。
そして、それは生涯、きょうだい仲良くしていけることにもつながっていきます。

赤ちゃん返りは、して当然

きょうだいの年齢差が2歳前後だと、
多くの場合、上の子が、俗に言う「赤ちゃん返り」をするものですが、
このときに上のお子さんの扱い方を間違えますと、
いつの日か、攻撃心とか、復讐心など、いろいろな心のゆがみが出てきます。
そして、心のゆがみが凝《こ》り固まってしまうと、脳の働きの妨げとなり、
その子にいくら才能があっても、それを伸ばすことができなくなります。

たくさんのお子さんを拝見していて、私はこのことに気づきました。
ですから、第二子の出産時、上のお子さんが2歳前後の場合は、
親御さんは上のお子さんに、慈愛《じあい》の面で十分に力を注いでいただきたいのです。

「上の子ばかりに気をつかっていたら、下の子がいじけてしまわないでしょうか」
そんな疑問が、お母さんの胸に湧いてくるかもしれませんね。
けれども、ジェラシーといった脳の働きが出てくるのは、1歳半ころからです。
生まれたばかりの赤ちゃんには、
まだジェラシーという情緒の反応がありませんし、
たとえあったとしても、いずれ消えてしまいます。
心に傷がついて、それがずっと消えずに残ってしまうのは、
むしろ上の子なのです。

いまは、「お母さん、こっちを向いて」という、
上の子の気持ちをしっかり受け止めてあげてください。
上の子の赤ちゃん返りに対して、
叱《しか》ったり、小言を言ったりしないことです。

「〜しなさい」などの命令形や、「ダメ」という禁止形の言葉は、

あと1年くらいは我慢して使わないでいてください。
お母さんが「ダメ！」「やめなさい！」という言葉をしょっちゅう使えば、
赤ちゃん返りはますますひどくなってしまいます。
たとえば、哺乳《ほにゅう》ビンで飲むのが再開してしまったら、
「やめてくれるかな」と、信頼の気持ちを込めて、
何度も何度も根気よく、子どもの目を見て頼んでみてください。
そして、子どもが自分からやめることができたら、
お母さんの優しい笑顔と、
「できたね」と、ごほうびの言葉をかけてあげてください。
お母さんへの信頼感を取り戻したら、
上の子の赤ちゃん返りもいつの間にかなくなってしまうでしょう。

指しゃぶりが続くとき

「指しゃぶり」に関するご相談はわりあい多いものです。

「知能の発達に影響はありませんか」とか、

「主人が小さいとき指しゃぶりをしていたそうなので、遺伝したのでしょうか」

「人工栄養の子は、お母さんのおっぱいを吸う気持ちが満足できないから、指しゃぶりをするのでしょうか」

など、さまざまな質問を受けます。

けれども、これらはどれも根拠のないことですから、どうか心配なさらないでください。

「遺伝」についても、性格や体格なら親から受け継がれる要素がありますが、指しゃぶり自体が遺伝することはありません。


自我が芽生えるころ以降の指しゃぶりは、少し気を配る必要があります。

子どもが何かしら不安になったとき、寂しいとき、欲求不満のときや、浅い睡眠が続く場合にも、指しゃぶりをする傾向にあるからです。

おっぱいを吸っているときが、いちばん落ち着くことを思い出して、指しゃぶりで心の安定を図ろうとしているのでしょう。

ですから、お母さんもそのつもりで、
お子さんに不安な気持ちを抱かせないように心がけてください。

また、無理やり「やめなさい」では、お子さんも反抗してしまい、逆効果です。

やはり、「やめられるかな」「できるよね」と、子どもの自我に訴えるといいでしょう。

さて、以前、こんなことがありました。
あるとき、赤ちゃんを抱っこしたお母さんが、
お姉ちゃんの手を引いて相談に見えました。
お母さんのご心配は、2歳4か月の上のお子さんの指しゃぶりのことで、
「先生、この子の指を見てやってください」とおっしゃいます。
お姉ちゃんの親指を見せてもらうと、
たしかに見事な「吸いだこ」ができています。
長い間、あまりに激しく指しゃぶりをしていたからなのでしょう。
そこで、お母さんに、
「お子さんに、しょっちゅう、指しゃぶりはダメと、叱っているでしょう」
と、尋ねてみました。

案の定お母さんからは、
「はい、しょっちゅう叱っています……」という答えが返ってきましたので、
私は「お母さん、叱ってはダメですよ。叱らないでくださいね」と申しあげました。
すると、どうでしょう。
そばにいたお姉ちゃんの目がらんらんと輝いて、
『それごらんなさい』と言わんばかりに、お母さんを見上げるではありませんか。
上のお子さんは、私がお母さんに、
「ダメダメと、お子さんを叱らないでください」と言ったことが、
よほどうれしかったのでしょう。
さて、私は、上のお子さんの目を見ながら、
「ねえ、お姉ちゃん、指しゃぶりはやめられるよね。やめてくれるよね」
と申しましたら、お姉ちゃんはいつもの癖《くせ》で、
指を口のあたりまで持ってきましたけれど、はっと、指を降ろしました。

そして、そのとき、もうひとつ、
そのお子さんの前で、お母さんに聞いたことは、
「お姉ちゃんの指しゃぶりは、いつごろからひどくなったか」ということです。
お母さんによると、「半年くらい前から」とのことで、
ちょうど、下に赤ちゃんが生まれたときからなのだそうです。

「それなら、お姉ちゃんの指しゃぶりは、お母さんが赤ちゃんばかりを抱っこして、お姉ちゃんが来ても、抱っこしてあげないことが、ひとつの原因だと思います。
お姉ちゃんがお母さんのそばに来たら、
お母さんがいままでどおりに自分に愛情を持っているか、
テストしに来たと思ってください。
そのテストに合格するには、
まず赤ちゃんをひざから降ろして、お姉ちゃんを抱っこしてあげてくださいね」
と、お母さんにお願いしました。
それを聞いたお姉ちゃんの、うれしそうな顔といったら、いまでも忘れられません。

それから半年後、その親子が見えました。
お姉ちゃんの指からは、吸いだこがすっかり消えてきれいになっていました。
「先生のおっしゃるとおり、赤ちゃんのお世話をしているときに来たら、
まずお姉ちゃんを抱っこするようにしました。
そして、根気よく『やめられるよね』と頼んでいたら、
1週間もしないうちに指しゃぶりが消えました」とのことでした。

このお子さんの場合は、
下にきょうだいができたことが原因のひとつでしたが、

そのほかにも、断乳ができなかったり、
昼間の語りかけが多すぎて、子どもの睡眠が浅くなっていたり、
お母さんの小言が多いとき、
また、お母さん自身がイライラしている、といったことなどが原因で、
指しゃぶりが続くことが多いものです。
「指しゃぶりがとれない」と心配なときは、
お母さん自身も、お子さんに対する接し方を振り返り、
おおらかな気持ちでお子さんに接するよう、心がけてみるとよいですね。

そして、繰り返しになりますが、
命令や禁止の口調ではなく、子どもの自制心に訴えかけるように、
「〜できるよね」「〜やってくれるよね」と、
頼むような口調で話しかけてあげてください。

歯並びへの影響は、かなりの長期間にわたる場合、
たとえば、小学校に入るくらいまで続いているようだと心配も出てきますが、
そんなに長く指しゃぶりをすることはまれだと思います。
それまでは、あわてず、急がず、ゆっくりと。
あまり心配なさらないことです。

温かい心を持つ基礎

温かい心を持つ人間の基礎というのは、
人の喜びを、心から一緒になって喜んであげられることだと思います。
それができる人は、本当にしあわせだと思います。
しかし、相手に対して嫉妬心を持ってしまうと、
他人のしあわせを喜ぶことができません。
相手に負けまいと、競争意識ばかりが強くなり、
悔しい、なんとか相手をけ落としたい――
そんなゆがんだ気持ちが出てくる一方で、
自分に対する自信も失っていってしまいます。

人は誰《だれ》しも、時に衝動的に、
あるいはどうしようもなく、
ジェラシーという気持ちがこみ上げてくる場面があります。
けれども、たいていの人は、それを自制心で抑えます。
ところが、自分をコントロールする力が乳幼児期に育っていないと、

その人は本当にしあわせな人生を送れなくなってしまうということです。
そのためにも、とくに2歳前後は、
子どもの自我を容認してあげる言葉かけをして、
子どもの自制心を育て上げることが大切です。

また、このころは、ジェラシーという気持ちがいちばん強く出てくるころですから、
下にきょうだいができたときには、
上のお子さんに対する接し方に、十分に気を配っていただきたいと思います。
お母さんは、ことあるごとに、上のお子さんに、
「いつもあなたを愛している」ということを、
まなざしで、微笑《ほほえ》みで、態度で、そして言葉で、示してあげてください。

それから、お母さんが子どもの前で、誰かほかの人のことを話題にするときには、
決してジェラシーめいたことは言わずに、素直にその人をほめる努力も必要ですよ。

他人のしあわせを心から喜ぶことができる——
お子さんを、ぜひ、そういうしあわせな人間に育てていただきたいと願っています。

まもなくお子さんは、お母さんのそばを離れ、
集団生活へと足を踏み出していくことでしょう。
幼児期、学童期、思春期…。いつの時期でも、
子どもの自我を大切にすることを忘れないでください。
そして、時には、学童期であっても、またそれ以上であっても、
お母さんは、お子さんを抱き締めて、強い愛を伝え、
同時に、自信と勇気を与えてください。

第6章

花畑の中で

◆2歳半ごろ～◆

裏表のない子どもに育てたい

先日、3歳児のお母さんから、
「『裏表のない子』に育てるには、どうしたらよいのでしょうか」
という相談を受けました。
「最近は、『外ではいい子、家では悪い子』だったり、
『大人の前ではいい子でも、子ども同士のときには意地悪をする』、
そんな子どもが増えているでしょう。
うちの子はそんなふうに育ってほしくないのです」
と、心配そうにおっしゃいます。

「裏表のない子」に育てるためには、日ごろの親御さんの心構えがとても大切です。
子どもは、いつも親の態度をそばで感じとっていますから、
まず、親が子どもの模範になっていただかないといけません。
それには、お子さんがどんなに小さくても、
お父さん、お母さんがまず、裏表のない生活態度をなさることです。

たとえば、お母さんが嫌いな人がいらしたとしても、
大人は、とかくうわべだけでもつきあおうとしますから、
嫌いな方ともニコニコとお話をなさると思います。
ところが、その方がいなくなったとたんに、
お母さんが、もし、お子さんの前で、
「ああ、疲れた。あの人って、本当に嫌な人ね」
などと言えば、どうでしょう。
「お母さんは、
仲良しの人とお話していると思っていたのに…」と、
子どもはどう考えていいのか、
わからなくなってしまいます。
とくに、子どもは、３歳ごろからは、
脳のなかで知的な細胞が働いてきますから、
「これは、悪口だ」ということは、
もう、ちゃんとわかっています。

ですから、お子さんの前で幼稚園の先生の陰口を言ったりしないことです。
お父さんの悪口も、もちろんいけません。
お母さんが何気なく言った「パパって、ダメね」という愚痴《ぐち》も、

お子さんはしっかりと聞いているものです。

そして、そんなお母さんの言葉や態度が少しずつ子どもに染み込んでいって、やがてお子さんは、父親を軽んじて見るようになります。


それからもうひとつ。

「裏表のない子」にするには、親があまりお子さんをほめすぎないことも大切です。

親が子どもをあまりにほめて、過度な期待を子どもに寄せるようになると、子どもはそれが負担となってのしかかってきます。

そして、3歳を過ぎるころからは、それこそ、

「親の前ではいい子、他人の前では悪い子」になってしまうおそれがあります。

親の愛は大切ですが、それが子どもの負担になるようではいけません。

うそをつかない子どもに育てたい

3歳を過ぎるころになると、

「うちの子、うそをつくんです。困りました」

といったお母さんの訴えが増えてきます。

うそがつけるというのは、
大脳の新皮質《しんひしつ》という、子どもの新しい知的脳細胞が発達してきた証拠でもあります。
2歳児までに働いているのは、
おもに本能的、情緒的な部分である古皮質《こひしつ》という脳細胞なのですが、
3歳を過ぎるころからは、
新皮質＝新しい知的な脳細胞が働きはじめます。
つまり、思考力がついてはじめて、「うそをつく」という知恵も出てくるわけです。

では、子どもは、「うそをつく」ということを、
どこで覚えていくのでしょうか。
いろいろありましょうが、ひとつに、
大人がつく「その場しのぎのうそ」から、
覚えることが多いと思います。

たとえば、
「いい子にしていたら、今度動物園に連れて行ってあげるから」とか、
子どもがおもちゃを欲しがったときに、
「今度買ってあげるからね」などといった大人のうそ——

こんなとき、お母さんは、
子どもだから、そのうち約束事を忘れてしまうだろうと思っていることでしょう。
また、お母さん自身、そんな約束をしたことさえ忘れてしまうことが多いようです。
けれども、子どもは、大人の約束をしっかりと覚えています。
おもちゃを買ってもらうことを、動物園に行くことを、
ワクワクしながら待っている。
それがすっぽかされてしまうのですから、
子どもの心は、いたく傷つきます。

約束をしたら、きちんと守る。
これはまず、親が手本を示して教えてあげなくてはなりません。
子どもを一個の人格として認めて、
約束をしたら実行し、できない約束はしないことです。

ところで、子どもには、「大人の顔色を見てつくうそ」があります。
たとえば、親がいつも子どもをオーバーにほめあげていると、
子どもは、いつも「いい子」だと思われていたい気持ちが強くなりますから、
いけないことをしたときも、
「ぼく（私）、やっていないよ」と、言い逃れをするようになります。

「ほめて育てる」ことは、もちろん大切ですが、
何事にもほどほどが肝心ですね。
過剰なほめ言葉は、
子どもにとっては、かえってマイナスに働くことがあるのです。

子どもをほめるときには、
百のほめ言葉よりも、お母さんの笑顔です。
「よかったね」「できたね」とひとこと言い、
親が心から満足したという表情を見せて、喜びをあらわす。
それが、子どもにとっては、なによりのごほうびです。

いじめの芽

いじめのことは、ぜひ言っておきたいと思っていました。

小学校ばかりか、最近では幼稚園でもいじめが起こっているといいます。

まさしくゆゆしき事態です。

私は、いじめは、親がジェラシーを上手にコントロールできなかったことが原因と、常日頃思っています。

たとえば、いままで親の愛をひとりじめしていた子どもに、きょうだいができる。
これは、大人が思っている以上に、子どもにとってはつらいことです。
このときに、お母さんが何をするにも、
まずお兄ちゃん、お姉ちゃんから先に目を配り、
「あなたのことを愛していますよ」
と、上の子に感じさせることができればよいのですが、
このときに扱いを間違え、きょうだいに対するジェラシーを、
「ダメ！」「いけません」と叱《しか》って、抑えつけてしまうと、

それがますます強いものとなって、湧き出てくるからです。
親に叱られたあと、上の子は、赤ちゃんをかわいがるそぶりを見せるかもしれません。
けれども、それはあくまでも親に叱られたくないからするだけであって、
親の目が届かない場所では、
赤ちゃんをたたいたり、髪をひっぱったりすることもあるでしょう。
これがいじめの始まりです。

世間で問題になっているいじめも、これと同じです。
目立つ子、成績のよい子、ハキハキしている子、
逆に弱々しくて、なんだかほうっておけない子は、
先生の接し方も、ほかの子と違ってくるのかもしれません。
そうなると、先生から「ひいきにされている子」と思われ、
そうでない子にとっては、ジェラシーの対象になるでしょう。
ちょうどそれは、自分にきょうだいができて、
親の愛が二の次、三の次になってしまったように感じられたときと同じく、
悔しさ、寂しさ、憎しみが、こみ上げてきます。
このとき、たとえジェラシーが生まれても、
それをセルフ・コントロールできる力が育っていればよいのですが、
幼児期にそれが育たなかった子どもは、

「あいつはひとりだけいい子になっている」と感じるでしょう。
そして、先生の目の届かないところで、
陰湿ないじめを始めることになりかねません。

総じて、いじめっ子は、
家庭での父母の愛のまなざしが少ないと思われます。
親に愛されていると思えないから、
自分に自信がない。
他人をうらやむ嫉妬心《しっとしん》だけが凝り固まっていくわけですね。

だから、もしお子さんが友達をいじめていることがわかったら、
親は叱るよりも、
「なぜ、そんなことをするのか」と、お子さんに聞いて、
一緒になって考えていただきたいと思います。
そうして、親自身も、
その子が小さいときに芽生えていたジェラシーを、
抑えつけて、強めてしまったことを、反省していただきたいのです。
では、幼児期に失われた親子の信頼関係を、呼び戻すためにはどうすればよいのか。
私は、学童期の子どもであっても、

また、それ以上の年齢であっても、
お母さんは子どもを抱き締めて、
強い親の愛を伝えることがあってもいいだろうと思っています。
いろいろなケースがあるので、一概には言えませんが、
問題児を抱き締めるということは、
子どもにとっても、とてもよいことだと思うのです。

それから、もうひとつ。
いじめをする原因のひとつには、ミルクたんぱくのアレルギーで、
その子がイライラしている場合も少なくありません（P105～参照）。
そのことについても考えてあげるべきです。

集中力が続かない子ども

「うちの子は集中力がないのです」という相談も、最近多くなりました。
幼児期でも、落ち着いて座っていられなかったり、
ひとつの遊びに集中できず、次から次へとおもちゃを出したり……。
そして学童期になると、せっかく優秀な頭脳を持っていたとしても、
勉強しても、道草ばかりで、なかなか目的地にたどりつけません。
それが学校の成績にはっきりとあらわれてきます。

お母さんは、「あなたの勉強が足りないから」と、子どもにお小言を言いますし、
お父さんはお母さんに、「おまえのしつけが悪いからだ」と、文句を言うでしょう。
文句を言われたお母さんは、腹を立てて、ますます子どもに小言を言う。
これでは、子どもがかわいそうです。

子どもの集中力のなさは、
私はその子の眠りの深さと関係していると思っています。
もし、お母さんが、「うちの子は、集中力が続かない」と思ったら、

その子の夜の寝つきはどうか、
少しの物音で目覚めたり、寝言を言ったりして、
夜の睡眠が浅くないかを、一度振り返ってみてください。
また、朝、起こされなくても、自分で目が覚めればよいのですが、
お母さんが起こさないと起きてこないという場合も、
夜の眠りが浅い証拠です。

ところで、子どもの夜の睡眠が浅いときは、
大きな原因がふたつあると思います。

ひとつは、お母さんがしじゅう小言を言っている場合です。
母親からしょっちゅう小言を言われている子どもは、
それが大きなストレスとなり、夜ぐっすりと眠ることができません。
「もしかしたら…」と思い当たるお母さんは、
どうか、きょうから小言は一切やめてください。
「ダメ！」とか「～しなさい」と叱らずに、
たとえ学童期以降であっても、２歳児のときのしつけと同じように、
「～できるよね」「頑張れるよね」といったしつけ――
子どもを信頼して、その子の自主性を育てるしつけが大切です。

そうでないと、その子は自分に自信を持てなくなり、
せっかくいい素質を持っていても、一生花開かずに終わってしまうことになります。

テストの点数が悪かったら、
「この次がんばろうね。どこが間違ったのかな」と、
お母さんも子どもと一緒に考えてあげてください。
その言葉が「今回は駄目でも、次はできるかもしれない」という、
大きな勇気を子どもに与えてくれます。

それから、もうひとつの原因は、食べ物であることが多いと思います。
そのお子さんの体に合わない食べ物、
たとえば、アレルギーを起こすようなものを食べつづけている子、
とくにミルクアレルギーがある子どもの場合には、
イライラしやすかったり、かんしゃく持ちであるばかりでなく、
注意力や集中力もなくなってくることがわかってきています（P105～参照）。
お母さんが食べ物に気をつけてあげると、
夜の睡眠も深くなり、集中力がついてくることが多いのです。
食べ物は、子どもの行動にいろいろな影響を与えているということを、
覚えておいてください。

なぜ子どもたちは事件を起こすのか

最近は、強盗、殺人、薬物使用など、
思春期の中学生、高校生による凶悪な犯罪事件が、
　次から次へと起こるようになりました。
　　事件とまでいかなくても、ささいなことから「キレる」子どもたち――
　　また、教育の現場では、授業に集中できずに、
　　勝手に騒いだり、歩き回ったりする子どもたちも増え、
　　学級崩壊も深刻な問題になっています。

　　子どもは、2歳から3歳くらいの間にも、
　　反抗心や攻撃心があらわれたりしますが、
　　そのままにしておくと、
　ちょうど泥水をじっと置いておくと上のほうが澄んでくるように、
いつの間にか反抗心や攻撃心も治まっていきます。
しかし、それで安心していると、
今度は思春期になって、男の子も女の子もイライラしてきて、きれいになった水が再びかき混ぜられて泥水になってしまう――
このころはちょうどそんな時期だと考えていただくとよいですね。

思春期のイライラは、たぶんに、そのころ急に増えてくるホルモンの分泌《ぶんぴつ》が原因です。
急激にたくさん出てくるホルモンによって、
体と精神のバランスが不安定になって起こります。

小さいときに、親から十分に愛情を注がれて育った子でさえ、
思春期になると、やたらとイライラしたり反抗心が起こるのですから、
ましてや親の勝手気ままな育児によって、
1歳半前後に自我を抑えつけられたり、無視されたりした子ども、
それから、下にきょうだいができたことで、当然ジェラシーが起こるのに、
親からケアをされずに、親に愛されていないと感じて育った子どもは、
なおさらでしょう。
そういう子どもたちは、
たとえ幼稚園、小学校のころまでは問題が表面化しなくても、
思春期に入ってホルモンのバランスが崩れ、イライラすることが重なると、
もう自分をコントロールできなくなってしまうのです。

自我が芽生える幼児期に、
自我のケアがうまくなされなかったことが原因で、
十代の少年少女がさまざまな事件を引き起こすようになったともいえるでしょう。
親の責任が大だと思います。
子どもが思春期に入ったら、
たとえ2歳児の反抗期を無事に切り抜けた子どもに対してでも、
2歳児のときと同じようにセルフ・コントロールができるよう、
親も再び注意して子どもと接していただきたいですね。

子どものすることを「ダメ」「やめなさい」と抑えつけたり、
また、「いまは反抗期だから何を言っても無駄」と、子どもを放り出したりせずに、
子どもの意見にも耳を傾けてください。
子どもが何か悪いことをしたら、
一方的に子どもを責めたりするのではなく、
なぜそういうことをしたのか、まず子どもの話を聞いてあげてください。
そして、子どもの気持ちを受け止めたうえで、
「あなたの気持ちはわかる。でも、それはしてはいけないこと」
と教え、諭《さと》してください。
つかず、離れず、一歩離れたところから、

お子さんを愛情深く見守っていただきたいと思います。

もちろん、少年犯罪が増えてきたのは、親ばかりの責任ではないでしょう。
周囲の大人たちにも大きな責任があると思うのです。
大人は、よその子どもだからと、
子どもたちの行動に無関心でいてはいけません。
「普通の子がキレる」と決めつけ、ただ子どもたちの行動を責めるのではなく、
大人たちが自分自身の行動を反省し、真剣に考え直していく必要があるでしょう。

子育てから始まる世界平和

まだ言葉の発達の十分でない幼児期にも、
すでに反抗心というものが湧いています。
それは大人たち、
とくに親が知らず知らずのうちに我が子に植えつけているのです。

子どもに反抗的な言葉が少しでもあらわれると、

親は「何事ぞ」と高圧的に抑え込もうとしがちです。
けれども、抑え込もうとすればするほど、反抗の心が強くなるのは、
物理の気体の法則とまったく同じです。
そして、幼児にとっては、
親が子どもに語りかけるときのほんのちょっとの言葉じりの違いによって、
自分が親から否定されたのか、それとも容認されたのか、
子どもの感じ方が異なってきます。

その結果は、十年後に大きな違いとなって出てきます。
思春期に起こるさまざまな問題は、
すでに2歳のときに、その下地ができあがっている可能性が大いにあると思うのです。

アメリカでもヨーロッパでも、そして日本でも、
少年犯罪が多発しています。
これを防止するためには、
全世界で2歳児の扱い方を考え直す必要があると思います。
育児の、とくに1歳半から約1年間の時期の、子どもへの対応——
つまり、子どもに自我が芽生えたときに、

子どもの自我を大切にし、認めてあげること。
自我に潜在している自制心を、上手な言葉かけで引き出してあげること、
このことを、世界中の方々に、ぜひとも実行していただきたいと願っています。

こうしてお子さんを育てていただければ、
無用な嫉妬心や、人と争う心を持たない大人になるでしょう。
そうすれば、
民族や宗教の違いによる問題も、
戦争という手段を用いなくても、
解決できるようになるのではないでしょうか。

世界平和は、お母さん方ひとりひとりの
子育てから始まります。
どうぞ、ゆっくりと、
子どもの「花」を咲かせてあげてください。

あとがき

二年ほど前のことです。電車の中で、とてもうれしいことがありました。向かい側の座席に座っていた年輩のご婦人が、私のほうをじっと見ているのです。なんだろう、私の顔になにかついているのかしら……と思っていたら、しばらくしてその方が近づいて来て、「失礼ですが、愛育病院にいらした内藤先生ですか」と尋ねられるのです。「はい、内藤ですが……」とこたえると、そのご婦人は「戦後まもなくのころ、先生にお世話になった子どもの母親です」とおっしゃるのです。

不思議なものですね、そのころの記憶がすぐによみがえってきました。その方は、私が「ミルクアレルギー」と診断した患者さんのお母さんだったのです。

そのお子さんもはや五十代……。たまたま乗った電車の中で、50年ぶりの再会ができた喜び……。長生きできてよかったと思う瞬間です。

長生きできてよかったと思うことがまだあります。95歳過ぎてから本を出版できるということです。

私が小児科医になって70年以上、週1回「育児相談」をするようになって20年経ちました。その間、何人のお子さんとご両親にお会いしたことでしょう。

もちろん、その時代時代で悩むポイントは違っているものの、かわいそうに、お母さんは、いつの時代も悩んでいます。ことに近年は、心の問題で悩んでいるお母さんが多いですね。お子さんのことをとてもよく考え、素晴しい子育てをしていらっしゃるのに、なにかをきっかけに自信を失い、肩に力が入ってしまうのでしょう。お母さんがもっと楽になれば、疲れが取れれば、お子さんの様子がよくなることもあるのにと思い、相談を続けてきました。そして皆さん、私とお話しすると、温泉に入ったように気持ちのいい顔になって、「ほっとしました」「楽になりました」とおっしゃってくださる……。これが私の喜びです。

私が高齢のためか、「育児相談の回数を減らしましょうか?」などと、スタッフから言われることもあります。しかし、私は、毎回毎回、さまざまなお子さん、そしてお母さん、お父さんとお話しするのが楽しみです。できるかぎり続けたい。育児相談が終わった後、「お疲れではありませんか?」と聞かれますが、とんでもない。お子さんたちからエネルギーをもらっているのですから、むしろ元気になるぐらいなのです。

育児相談の様子を、財団法人幼児開発センターの機関誌『幼児開発』(『EDA』の前身)と『EDA』のなかで、長年にわたりQ&A形式で連載してきました。それを、「お母さんたちの気持ちを楽にしてあげたい」という皆さんの情熱で、一冊の本にまとめることができました。

多くのお母さんにぜひお話ししたかったことが、こうして本になったことで、お伝えできる。ありがたいことです。

この本は、お母さんが読みやすいよう、心安らかに読むことができるよう、文章の構成や文字の組み方なども考えられています。お母さん、どうぞ三遍《べん》読んでください。これが私の願いです。何事も、三遍読めば、頭に入ります。そして、三遍めには、きっとお母さんたちの笑顔も花開くことでしょう。

最後になりますが、『幼児開発』『ＥＤＡ』誌の歴代編集長、及び編集に携わった方々、各教室の担当の方々、ことに、私の秘書的存在だった柳原みず江さん、小野千鶴子さん、そして、少しでも多くのお母さん方に、育児を楽しんでいただけたらと、この本の出版の企画をしてくださった、小学館の三浦牧子さんにお礼を申しあげます。

二〇〇二年八月十五日　信州・野尻湖畔にて

内藤寿七郎

内藤寿七郎［ないとう じゅしちろう］

明治39（1906）年10月23日、東京都生まれ。熊本県育ち。

昭和6（1931）年、東京帝国大学医学部卒業後、東大小児科教室勤務を経て、昭和13（1938）年、恩賜《おんし》財団母子愛育会付属病院小児科医長、昭和24（1949）年、日本赤十字社中央病院小児科部長、昭和31年（1956）年、愛育病院長。昭和52（1977）年、愛育病院名誉院長となり、現在に至る。日本小児科医会名誉会長、ソニー教育財団理事。

昭和42（1967）年、保健文化賞、昭和43（1968）年、藍綬褒章、平成4（1992）年、シュバイツアー博愛賞を受賞。

著書に『育児の原理』（アップリカ育児研究会）、『若い両親へ』（三笠書房）、『赤ちゃんのSOSがわかる本』（ＫＫベストセラーズ）など多数がある。

キーワード索引

あ

か

さ

子どもの「花」が育つとき

21世紀をになう子どもたちへ！
語り伝えたい、育児メッセージ

２００２年１１月２０日　初版第１刷発行
２００６年１２月２０日　初版第３刷発行

著　者　内藤寿七郎
協　力　財団法人ソニー教育財団 幼児開発センター

発行者　田中　修
発行所　株式会社　小学館
〒１０１－８００１　東京都千代田区一ツ橋２－３－１
電話／編集　０３－３２３０－５１２４
販売　０３－５２８１－３５５５

印刷所　文唱堂印刷株式会社
製本所　牧製本印刷株式会社
DTP　吉野工房

ISBN4-09-311217-7